주마간산走馬看山

강우식 시인은 1941년 강원도 주문진에서 출생하여 1966년《현대문학》으로 등단했다. 시집으로『사행시초』(1974),『사행시초·2』(2015),『마추픽추』(2014),『바이칼』(2019),『백야白夜』(2020),『시학교수』(2021),『죽마고우』(2022),『소이부답笑而不答』(2023) 등이 있다. 성균관대학교 시학교수로 정년퇴임했다.

리토피아포에지·157
주마간산走馬看山

인쇄 2024. 3. 20 발행 2024. 3. 25
지은이 강우식 펴낸이 정기옥
펴낸곳 리토피아
출판등록 2006. 6. 15. 제2006-12호
주소 21315 인천광역시 부평구 평천로255번길 13, 903호
전화 032-883-5356 전송 032-891-5356
홈페이지 www.litopia21.com 전자우편 litopia999@naver.com
ISBN-978-89-6412-195-5 03810

값 14,000원

· 이 책의 저작권은 지은이와 리토피아에 있습니다.
· 잘못 만들어진 책은 바꿔드립니다.

강우식 사자성어 시집
주마간산走馬看山

지은이로부터 · 1

나를 돌아보는 아침에

나의 마지막 눈물은
나의 마지막 시는
무엇이 될 것인가.

'殘書頑石'이라는 추사의 현판.
쓸모없는 돌에 새겨진 글씨
내 시도 돌에 남아 빛 볼 날 있을까.

생명은 타들어 가고
이 지상에서 내게 주어진
시간의 여분이 그리 많지 않다.

자신을 위해 우크라이나
싸움터에서 살아 돌아온 병사를
지금 나는 보고 있다.

22024년 춘래불사춘인 봄날에

강老平 우식 散人

지은이로부터 · 2

진실한 삶으로

노인인 나는 지하철 계단을
오르내릴 때나 어디서나 조심하며 산다.
목숨은 一手不退다.

예부터 安貧樂道의 분수가
몸에 배어 언제나 나이에 걸맞은
적절한 시를 쓰고 싶었다.

펴낸 시집에 '죽마고우', '소이부답'이란
제목을 달면서 四字成語로 낼
시집을 늘 염두에 두었었다.

    2024년 내가 마치 사자성어가 된 기분인 아침에
              강水泙 우식 詩翁 識

차례

지은이로부터·1 —나를 돌아보는 아침에   05
지은이로부터·2 —진실한 삶으로   07

1부

거자필반去者必返   13
격세지감隔世之感   15
견원지간犬猿之間   17
결자해지結者解之   19
결초보은結草報恩   21
과유불급過猶不及   24
교긍허부驕矜虛浮   26
금과옥조金科玉條   28
금시작비今是昨非   29
다다익선多多益善   31
만파식적萬波息笛   33
목불식정目不識丁   35
무소불위無所不爲   37
무용지물無用之物   39
무위자연無爲自然   44
반가사유半跏思惟   45
부용치훼不容置喙   47
불가항력不可抗力   49
상전벽해桑田碧海   51
설상가상雪上加霜   53

설왕설래 說往說來	56
세세년년 歲歲年年	60
소신공양 燒身供養	62
송구영신 送舊迎新	63
송학축수 松鶴祝壽	89
수구여병 守口如甁	91
십시일반 十匙一飯	93

2부

암향부동 暗香浮動	97
약존화의 略存畵意	99
어두일미 魚頭一味	101
오매불망 寤寐不忘	102
우후죽순 雨後竹筍	104
유유상종 類類相從	105
유종의미 有終之美	108
이실직고 以實直告	109
이심전심 以心傳心	111
인지상정 人之常情	112
일념통천 一念通天	113
일모도원 日暮途遠	115
일필휘지 一筆揮之	117
입춘대길 立春大吉	120

3부

자아도취 自我陶醉　　　　　　　　　125
장무상망 長毋相忘　　　　　　　　　126
적막강산 寂寞江山　　　　　　　　　128
좌불안석 坐不安席　　　　　　　　　130
좌정관천 坐井觀天　　　　　　　　　131
주마간산 走馬看山　　　　　　　　　134
지피지기 知彼知己　　　　　　　　　139
차재두량 車載斗量　　　　　　　　　141
천편일률 千篇一律　　　　　　　　　143
천학비재 淺學菲才　　　　　　　　　144
쾌도난마 快刀亂麻　　　　　　　　　145
태연자약 泰然自若　　　　　　　　　147
통정사통 痛定思痛　　　　　　　　　149
피차일반 彼此一般　　　　　　　　　151

여적餘滴_내 시집이니까 쓰는 산문　　153

1부

거자필반 去者必返

어릴 때 아버지하고 갈라선 엄마는
몰래 나에게 귓속말로
꼭 나를 데리러 온다는 약속을 하고 떠났다.
기다리고 기다려도 오지 않았다.
처음으로 들은 엄마의 거짓말이었다.
다른 사내가 좋아서 떠난 아내도
내 돈 떼먹고 야반도주한 친구 녀석도
집 나간 아들자식도 감감무소식이고
다 사실 같은 새빨간 거짓말이었다.
내 서푼 짜리도 안 되는 인생,
거짓말을 진짜로 믿고 살았다.
귀거래, 귀거래 말뿐이지
올 리 없다는 것을 까맣게 잊고
거자필반을 철석같이 믿었다.
믿지 않고서 기다리는 마음 없이 어찌 살리오.
내가 병실에 누워 생사를 오락가락할 때
다른 세상으로 떠날 내 인생이
가련해 보였는지 어쨌는지
풍문으로나마나 뜬 소식을 듣고
저승길을 지켜 준다며

캄캄 무소식이던 아내가 기적처럼 달려왔다.
거자필반에는 이런 저런 미묘한
거슬리거나 내칠 수 없는 정情도 있었다.
우리의 아리랑 가락에도
나를 버리고 가시는 님은
십리도 못가서 발병이 난다고 했다.

격세지감隔世之感

내가 한창 시에 빠졌던 문청시절은
문학은 고질병이라고 모두들 쑤군거렸다.
정말 병든 환자처럼 빌빌대며 시를 썼다.
대학에서는 김구용이 육성으로
읽는 것으로 끝인
'현대문학강독'을 한 학기 들었다.
그런데 나는 구용의 경전을 읽는 소리 같은
강독에 홀려 더 깊이 병이 들었다.
"하아, 좋지요, 좋고 말구요," 하는
체질화된 추임새가 일품이었다.
강의실 밖으로는 바다가 보이고
이범선의 '갈매기'가 나는 환상에 젖었다.
내가 일생 시를 쓰는 팔자가 된 것은
무슨 이론보다 그 탄성에 매어서였다.
구용의 뒤를 이어 대학에서 한 20여 년을
강의라는 것을 하면서도
무엇을 가르치기보다는 시를
나도 구용처럼 "좋지요"로 마치고 싶었다.
결국은 그 한마디도 못하고 대학문을 벗어났다.
나로서는 음풍농월의 시에서

제법 벗어났다고 스스로 믿었는데
요즈음 젊은 시인들의 잘된 작품에서는
세대차를 느낀다. 허술하지도 않고 야무지다.
시들이 생사를 걸고 완전무장하였다.
천길 크레바스에 매달려 햇빛을 보는 생존은
손에 저절로 땀이 나고 눈물이 솟는다.
감상적 눈물로 범벅이 된 시가 아닌
격세지감으로 업그레이드된 생의 긴장감이 서려 있다.

견원지간 犬猿之間

두 짐승이 앙숙이란 말은 잘못됐다.
둘은 서로 이를 드러내고 척진 적이 없다.
시대가 변했는지 옛날 일이다.
사람에게 반려견이 있듯이 원숭이는 나무와 친하다.
하지만 나무에서 떨어질 때도 있는 원숭이.
실수를 한다는 것은 너무 인간적이다.
그래서 유인원인가.
이 나무에서 저 나무로 수월히 건너는
사람이 도저히 따라 못하는 재주도
그래야만 사는 평범한 삶의 일상이다.
표범에게 쫓긴 원숭이가 막다른 길에 접어들자
훌쩍 이웃나무로 공중제비 넘는 것을 보았다.
삼십육계 줄행랑을 친 나무가 안전가옥이다.
이처럼 원숭이는 여러 그루의 나무를
마치 자구책의 한 방편으로 비밀 통로처럼 두고 산다.
아무 대책도 없는 무방비 삶을 살아온
나는 원숭이처럼 탈출구를 하나 갖고 싶다.
집 지키는 개는 키워봤으니까
나무 같은 초록 이웃을 두면
내 일상도 훨씬 윤택해지리.

이제는 아무런 근거도 없는 견원지간보다
나무와 친밀한 목원지간木猿之間을 쓰려고 한다.

결자해지 結者解之

결국 풀고 맺는 것은 사람의 일이다.
풀면 맺을 줄 알아야 하고
맺었으면 풀 줄도 알아야 한다.
백년가약 맺었다고 어이 맺고만 살 것인가.
서로 밤낮으로 엉키고 풀며 사는 것이다.
매듭은 풀어야 하지만
푸는 자체가 만만치 않은 수수께끼다.
세월과 더불어서 밀린 채로 쌓고 묵혀온
마추픽추나 피라미드는 신비요 미스터리다.
만리장성 같은 그 길을 따라가다 보면
수천 명의 사역자들의 죽은 무덤을 본다.
다 못 푼 매듭이어서 그렇다.
풀지 않겠다고 매듭진 역사가 얼마나 많은가.
당신과 나도 38선이라는 철조망 매듭에
옥죄어 반세기를 신음하며 산다.
이웃과 이웃 사이는 늘 척지고 살 수 없다.
사람과 사람 사이의 매듭도
때로는 용서하고 이해하고 인내하여
강물줄기처럼 유창하게 흘러야 한다.
그것도 사람의 일이라 쉽지 않다.

차근차근 알기 쉽게 풀어가려 하지만 쉽지 않다.
그래서 일도양단이라는 해법도 생겼다.
매듭이 끝이라고 매듭을 지으려
팔소매를 걷고 나서는 자는 칼잡이들이다.
칼 잡은 사람이나 맨손인 사람이나
답은 하나더라도 순리대로 풀지는 못한다.
결국은 지은 자가 풀어야 하는 결자해지다.
부모가 자식을 낳아 기르는 원죄原罪와 같다.
애써 풀고 나면 좀 허탈해진다.

결초보은 結草報恩

하늘을 보면 너무 푸르고 높아
모자란 내 모습만 비치고
고개를 숙여 땅에 눈길 주면
꽉 막혀 어디로 가야 할지 막막하다.

그러나 땅이 있어
이름 모를 풀꽃이 자라기도 하고
철 따라 온갖 나무들이
초록 잎 트고 열매 맺으며

하늘도 철 따라
천둥 번개와 눈과 비바람도 주고
구름의 자유로운 운행에
내 꿈을 얹어 나르기도 하나니

또 별들이 꿈처럼 빛나
가난한 내 첫사랑 데이트에서
그녀를 별까지 데려가 미래를 걸고
작은 약속이나마 할 수 있었다.

풀이라 허술히 여기지 마라.
하늘의 기운을 입어 태어난 목숨이고
땅이 있어 질긴 생명력으로 살아남았다.

풀이 무슨 돈이 될까 생각하지만
아내와 나는 돈보다 더 큰 사랑을 얻었다.
무릎이 닳도록 사랑을 하고
그 초록은혜를 갚듯이 살아간다.

뭐든지 크게 갚아야 한다고
마음먹지 마라. 갚고 싶으면
그저 분에 맞게 보답하면 되는 것이다.

풀을 엮어 은혜를 갚는다는 뜻은
그냥 은혜를 갚는 것이 아니라
하찮은 작은 거라도
마음에서 우러난 참된 따뜻한 감사이면
큰 감동의 물결이 된다는 뜻도 있다.

풀은 아프다. 태어나면서부터

천시 받았던 삶이 아프고
그 아픔이 고마워서
은혜처럼 엮어 갚으려 하지만
아무도 받으려 하지 않아서 아팠다.
그래도 갚고 가야할 일이 있으면
아픔을 이기고 보은 하리라.

과유불급過猶不及

별을 보는 것은
가지려는 것이 아니라
꿈을 키우며 살아야 할 세상이 있어서다.
한데 사람의 욕심은 한이 없어서
별보다 더 먼 곳까지도 가려
두 팔을 한껏 펼친다.
그것은 지나친 것이 아니라
가슴에 싹튼
꿈을 키우고 이루려는 거다.
어릴 때 누구에게 들었는지 조차 잊은
boys be ambition.
하지만 하늘같은 야망 찬 꿈에
차디찬 물 같은 공자의 한마디 말씀
과유불급도 없고 싶다.
지나친 것은 미치지 못한 것과 같다.
한번 온 비가 너무 과하면
큰물 지고 세상이 떠내려간다.
사람도 마찬가지다.
물벼락 맞으면 병이 찾아온다.
아무리 자연으로 오는 비라도

적당히 맞고 피하는 것이
비우고 모자라게 사는 이치다.
사막도 비가 오기를 학수고대하지만
조금만 내려도 마른 모래가
못 받아들여서 어디든 차고 넘친다.
사막에도 물난리 홍수가 난다.
사막은 사막대로 나는 나대로
과유불급의 숟가락을 놓는 게 분수다.

교긍허부驕矜虛浮

한 20여년을 밥을 벌기 위해
대학에서 시를 말하면서
아는 체 한 것이 부끄러워
정년을 하고부터는 누구에게 시를 말하는
일은 나름으로 끊고 살았다.
세상만사가 이리 편할 수가 있으랴.
가끔 명절 때가 되면 스승이라고 보내주던
술이나 과일 등속이 사라져
조석변 인심이 섭섭키는 했지만
그것보다는 내 마음이 훨씬 편했다.
마음부자가 됐다.
교긍허부 같은
교만하고 잘난 체하는 뜬 구름도 다 사라졌다.
가진 게 시밖에 없어서
내심으로는 그런 것 하나라도 걸치지 아니하면
여든 늙은이가 외로워서,
(외로움은 이길 장사가 없다는데)
사면초가四面楚歌가 되면 어찌 견딜까
망설여지면서도 일체유심조一切唯心造라고
그럴 때가 오면 쌓아둔 국파산하재國破山河在 같은

마음은 열면 된다는 자기 믿음이 있었다.
하지만 놀라라 돌아보니
쌓아둔 마음이 어디 갔는지 마음속은
텅 텅 빈 깊이 모를 검은 우물과 같다.
맞춤하게 쓰려고 해도
쓸 마음이 없어 슬프구나.

금과옥조金科玉條

젊어서 집이 몰락한 아버지는 장돌뱅이로
동가식서가숙하며
조선팔도를 떠돌았다.
그런 아버지에게 금수강산 산천경개인들
눈에 들어올 리 있었겠는가.
세상과 부대끼며
하루 끼니를 걱정해야 했다.
사람과 사람끼리 티격태격하며
터득한 지혜가 자연히
후일 삶의 금과옥조가 되었다.
나는 금과옥조라는 말을
약방의 감초 같이 알고
나름 매사에 잘 지키려 애써 왔지만
금이나 옥이라는 것이 재물만이 아니라
삶의 갖가지 일에 널려 있음을
진실로 깨달은 것은 어른이 되어서다.
중고등학교에서 배운 수준과
성인이 되어서 깨닫는 의미가 다름을
현장에서 맨발로 뛴 아버지처럼
아버지가 되고 나서야 깨달았다.

금시작비 今是昨非

아무리 도연명의 귀거래사歸去來辭가
인구에 회자되는 시라도
다 읊조릴 만한 것은 못 된다.
조금만 생각해 보면 금시 알 것을
물불을 가리지 않고
들먹이는 부류들이 있다.
유명세를 탄다는 것이 이런 것이다.
각금시작비覺今是昨非
도연명은 전원으로 돌아가며
오늘은 옳고 어제는 그르다고 했다.
그 말의 어제 오늘은 관직을 맡았던 어제와
사직하고 전원으로 가는 오늘이지만
단순히 어제 오늘만을 보면 너무 편협하다.
오늘 가고자 하는 곳은
결국은 과거의 한 장소가 아닌가.
거기에 새삼스레
각覺이라 한 것은 너무 과장되었다.
어제 없는 오늘이 없듯이
어제의 옳고 그름을 가리고 삼아
오늘을 살아가는 우리가 아니냐.

금시라도 어찌 시비가 아니 낄 수 있으랴.
이렇듯 개인의 시비를 가지고
세상의 귀거래사의 옳고 그름을
가늠하는 일은 참된 잣대가 아니다.

다다익선 多多益善

무소유에 대한 실감은
사람이 이 세상을 살다가
죽는 것을 보고 얻은 깨달음이다.

죽으면 살아서 가졌던 것들이
무슨 소용이 있겠는가.
괜히 고승의 무슨 큰 법언처럼
믿고 받들지 마라.

믿고 받들 것은 살아 있을 때
필요한 재물이다.
그것이 많아서 나쁠 것은 없다.
가질 것은 가지고
먹을 것은 먹어야 산다.

여기 국어사전의 다다익선의
예문에도 '돈은
꼭 다다익선만은 아니다'라고 나와 있다.

그렇듯 재물을 많이 갖고 나누면

이 또한 선하고 아름답지 않은가.
많다多는 데보다 선善하다는
실행에 무게를 두어야 한다.

만파식적 萬波息笛

아내여 이 땅에서는
나와 맺은 연緣 모두 끝났으니
핵융합발전소의 내뿜는
수천도의 불가마 속에
그대의 살과 뼈들을 가루로 만들어
물의 바다로 보낸다.
굳이 나 아니어도 좋다.
살아봐야 알겠지만 부디 나보다
더 사랑하는 사람을 만나
만파식적 불 듯이 살아라.
수천 수억만의
그리움의 연이 닿아
푸른 물결 이랑을 이루면
부활하여 이 지상에서처럼
춤추며 붙어 살아라.
그대의 왼쪽 가슴에서 뜯어낸
뼈 하나로 만든 피리는
내 지니고 있어
서툰 피리소리로나마 밤마다
그대의 뼈 피리에 내 입술을 대고

그대의 가슴 피리에 내 입술을 대고
만사형통하라고 빌고 빌 테니.
내 숨결 같은 이 피리 소리
어디든 안 닿고
무슨 하소연이듯 못 들어주랴.
일만 가지 물결을
피리 불어서 잠재워주마.
논두렁에 심은 풋콩 같이
푸룻 파룻이 자라서 알콩달콩 살아라.

목불식정 目不識丁

어머니는 까막눈이었다.
못 배운 것과는 상관없이 어머니는
고추 달린 오형제를 자궁에 품고 낳았다.
해방이 되자 문맹퇴치 운동이 일어
다섯 살 배기 내 손목을 잡고 야학당에서
낫 놓고 기역 자도 모르던 한글을 깨치고
구구단도 외워 물감장사를 했다.
시중에 좌판을 깔고 오형제를 키우셨다.
목불식정보다 자식들을 낳아
꿈을 이루고자 했던 어머니다.
배우고 깨친 것이 뭐가 그리 중요하랴.
배운 놈이 더 도둑놈 되어 날뛰는
세상에서 가문의 손이 끊길 것을 막아준
어머니의 선견지명을 읽는다.
아무리 따져보아도 목불식정의 곁에
식자우환 識字憂患이란 말을 대비 놓고 싶다.
요즈음 미국에선가는 일반인들이
굳이 대학에 갈 필요가 있겠느냐는
사회적 공감이 자라고 있다는
기사를 읽은 일이 있다.

'목불식정'은, 글자만 깨칠 정도만 해서 벗어나고
나머지 시간은 사는 일에 더 열중하라는
배운 사람들이 이제야 깨달은 식견이다.
나도 살아보니 그러하더라.

무소불위 無所不爲

우리가 사는 데 있어 못할
일이 없다고는 하나 생과 사는
마음먹은 대로 되지 않는다.

죽고 싶다고 어찌 뜻대로
눈을 감을 수 있으며
오래 살고 싶다고
살아지는 명命이 아니다.

무소불위라는 것은 바람이고
의지의 표현이다.

내가 매년 2월 무렵이면
갯벌에서 쏘옥 올라와 쏙*이라 불리는
바다가재를 구하려다
때를 미루어 놓쳐 낭패를 보고는

소래포구로 어디로 헤매다
뜻이 있어 냉동쏙이라도 사게 되면
이 또한 나로서는 무소불위라.

우리네 사는 삶이란
사소한 거라도 하고 싶으면 하고 이루어져
감사함이 그득하면 족하지 않으랴.

더구나, 가령 장애인이 낳은 딸이
아버지의 소망처럼 훌륭한 인재가 되어
만인이 우러르는 사람이 되었을 때

나는 그 무소불위가 어느 한쪽이 아니라
하늘이 하는 일을 땅이 아는 거와 같은
사람으로서 사람을 초월한
충만한 합일이라 믿는다.

무소불위에는 그런 겸허한 기도와
잔잔한 감동도 곁들였으면 한다.

* 남해에서 '쏙'이라 부르는데 서해에는 '쏙'이라는 조개가 있다. 내가 잘못 듣거나 잘못 안 건지는 불분명하다.

무용지물 無用之物

1.
흔히들 별 하는 일 없이
밥만 축내는 사람을 무위도식이라 하고
무용지물이라 배워서
나름으로는 그런 사람이 안 되려고
무던히 애쓰며 살았다.
30대에 담석증 수술하고
60대에는 위암 3기로 위를 다 자르고
늙어가면서 백내장이며 항문이며
크고 작은 수술을
진저리치도록 치르면서도
할 일이 있다고 용케도 버티었다.
그런데 이제는 정말 무용지물이 되었다.
한 2년 전에는 길을 가다가
별 증상도 없이 땅이 함몰되듯
그냥 푹 주저앉더니만
오늘은 지하철에서 정신을 잃고 쓰러져
119에 실려 집까지 오고 말았다.
다 살았다. 용도 폐기되나 보다.
호스피스 일에 종사하며

1천 명이나 임종을 지켜본 여인의
말을 들어보면
죽는 사람은 힘이 없어
유언도 못 남기고 듣다 죽는다더라.
살아 있을 때 하루를 살더라도
무용지물 안 되게 당차게 살자.

2.
물건은 쓰다 보면 더 쓸 수가 없어서
무용지물이 되어 버리지만
사람은 무용지물이 없는 것 같다.

나를 비추어보면 그러하다.
중학교 2학년 때 친구와 술 먹고
극장에 가 연초 피다 잡혀 무기정학.

고등학교에서는 한 번의 무기정학
무기정학이 풀린 그 다음 날
선생에게 반항하다 연속 무기정학.

퇴학 일보 직전에 아버지를
학교에 모셔가야 했는데 불효막심하게
교문이 아닌 평소 내 버릇대로
철조망 뚫린 개구멍받이로 들어가시게 했다.

아버지께서는 누구보다
자식들 교육에 심혈을 기울이셨지만
그때 이미 나에 대한 기대는 접고
눈 밖에 났을 것이다.
글자 그대로 무용지물이었다.
개과천선은 하지 못하고
그 뒤에도 못된 짓을 참 많이 했다.

무섭다, 무섭다 해도 사람처럼
무서운 것은 없나 보다.
어느 날 정신을 차려 바르게 살아보자
마음먹고 변하여 살다보니
별 대과大過 없이 여기까지 왔다.

그저 날 낳고 길러주신

부모님께 고마울 뿐이다.

3.
사람만큼 한시도 쉬지 않고
끈질기게 일하는 생물은 없다.
사람은 죽어서야 쉬고
비로소 무용지물이 된다.

어떤 사람들은 저승에서도
할 일이 있다며 힘주어 실토하지만
나로서는 죽으면 끝이요
무용지물이라는 생각이다.

살아 있을 때는 사람은
무용지물이 아니라 유용지물이다.
버스나 기차를 타고
비행기에 오르는 것만이 아니라
사람 구경하고 사는 하루하루가 즐겁다.

살아 매순간 다 보고 배우고 얻는 것이

교훈이고 급훈이고 가훈이다.
입춘방처럼 마음에 붙이고 싶다.
사람에게는 무용지물이 없다.

무위자연 無爲自然

10대 무렵에는 고향의 밤하늘이 좋았다.
그 시절에는 왜 그리 별이 많던지?
밤새 내 꿈의 씨앗을 낱낱이 뿌려
별 밭을 갈고 심었다.
20대가 되어서는 혜원의 월하정인月下情人이 되었다.
월침침야삼경月沈沈夜三更 양인지사양인지兩人之事兩人知
달빛 조명도 한껏 낮춘 밤에
혼자 간직하고 싶은 비밀이 많아졌다.
그 소녀와 골목을 돌고 도니 침침한 삼각지였다.
30, 40에는 꿈을 이루려다 풍비박산이 나고
때를 기다리는 은자隱者처럼
곧은 낚시를 드리운 강태공 흉내를 냈다.
산천을 떠돌며 새소리를 즐겨 벗 삼아
한때는 중이 되어 모든 것을 잊고
부모은중경父母恩重經이나 깨칠까 했다.
50 이후부터는 아버지의 장돌뱅이 피를 이어서
세계를 흐르며 못 보던 것에 눈 주며 늙었다.
되돌아보니 모두가 자연을 친구로 살았다.
더 바랄 것도 줄 것도 가질 것도 없는
나대로의 무위자연의 삶이었다.

반가사유 半跏思惟

1.
반가사유상처럼 변기에 앉아서
이 몸뚱이 밑으로 구린내가 진동하는
세상의 똥덩이들을 밀어낸다.
무언의 설법으로 뜸 들이는 생각하는
반가사유상이 아니라
넘치고 차면 무소유로 버릴 줄 아는
이쯤 되면 스스로 깨우친 행동하는 부처다.
반가사유상 지으려고 화장실에서
분에 넘치게 너무 힘 주지 마라.
그러다 비명횡사하는 경우도 흔하다.

2.
생각에 골몰하면 뭐하랴.
늘 생각만하다 마는 나와 같다.
더우면 언제 서늘한 가을이 오나
고개 숙여 생각에 잠기고
겨울이 와 무릎에 한기가 스며들면
왼쪽 손을 턱에 받치고
어떡하면 좋을지 궁리를 짜내려고 고민에 잠긴다.

또 한쪽 발을 다른 발에 옮기기도 한다.
손톱 끝만큼 마음은 옮기지 않고 발만 포갠다.
생각을 해서 나쁠 것 없다지만
다른 일은 염두도 못내는 형세면서
괜히 흉내만 내는
철학이나 아닌지 의심이 간다.

3.
늙어갈수록 생각이 많아졌다.
소화는 안 되고 가려 먹어야 되나
먹어서 탈은 안 날까 망설여진다.
걸핏하면 변비다.
변비처럼 꽉 막힌 생각에 힘을 주니
똥이 되어 나온다.
가져야할 생각과 버려야 할 생각이 있다.
쓸 데 없는 생각을 속에 품고 있으면 독이 된다.
생각의 변비를 버리면
세상 날아다닐 것같이 살 것 같다.
시원하고 개운하다.

부용치훼 不容置喙

들꽃은 제멋대로 야생으로 커서
아름답다고 한다.
정말 아무런 간섭 없이 피는 것일까.
온갖 비바람을 겪으며 사는 일도
만만치는 않으리라.
말 많은 세상이고
하루에도 수없이 쏟아지는
말에 시달리다 보면
제명대로 못살 것 같은 일상사다.
엔간한 일은 그러려니
그저 한 귀로 듣고 다른 귀로 흘리면
이웃이 얕보고 제가 주인인 듯
감 놔라 대추 놔라 나선다.
자기 제사상도 아닌데
상을 아예 엎으려고 한다.
그 간섭을 허용하지 않으려고
부용치훼의 울타리를 높이 세웠다.
자구책이 k-무기도 개발하게 되고
자력강국의 폭탄이 꽃처럼 만발하는

고집 있는 꽃장수가 되었다.
남들이 넘볼 수 없는 우리만의
무기를 파는 나라가 되었다.

불가항력不可抗力

늙은이가 길을 가다 보면
젊은이건 아녀자들이건 모두들
바지런히 한 발 앞서 간다.

누가 만들어 입에 담았는지 모르지만
어릴 때 자주 부르던 노래에
'앞에 가는 도둑놈, 뒤에 오는 양반'이 있었다.

새삼 늙어 이제는 사라진 지
옛날인 양반 짓거리도 아닌데
나처럼 뒤처지는 이도 생긴다.

늙어 체념을 하면서도
이렇게 된 걸
나더러 어쩌란 말이냐.

불가항력인 줄 알면서도
불가항력을 넘어
슈퍼맨처럼 힘이 샘솟는 꿈을 꾼다.

앞뒤도 안 살피고 앞장서고 싶다.
속도위반하여 딱지를 떼도
발에 바퀴를 달고 마구 달려보고 싶다.

발보다 마음에 바퀴가 달려 있다.
그 욕심이 만리장성을 이어나가듯 한다.
마음에는 불가항력적인 신비가 있다.

상전벽해 桑田碧海

문청시절에 읽었던 소월 시의 내용이
좀처럼 떠오르지 않아 살피니
'바다가 변하여 뽕나무 밭이 된다고'였다.
바다가 변하긴 하였는데
'상전벽해'에서 '벽해상전'이 되었다.
소월은 발음의 뉘앙스에 더 유의한 거 같다.
내가 살아온 세상이 그야말로 상전벽해다.
잠깐 한눈 파는 사이에 모든 게 변화무쌍하다.
옛날에는 한눈을 팔을 새에
소중한 마누라가 사라졌는데
지금은 누리호를 우주로 띄운다.
넓디넓은 뽕나무밭이 바다가 된 것은
그 뽕잎이 개발 바람에 흔들리어
파도 물결처럼 출렁거리기 때문이리.
사람은 상전벽해를 수시로 만들어낸다.
빨리, 빨리 서두르기보다 더디고 느리게
상전벽해로 가는 길도 안다.
이스터 섬의 아모이 석상이 그러하다.
태풍에 지아비를 잃고
넋 놓고 그저 일구월심으로 바다를 바라보는

우리의 해녀 같은 기다림을 아는가.
하도 기다림에 속고 속아 오지 않을 줄 알면서도
기다리는 것밖에 모르는 아모이 석상이다.
그 지루함을 이겨낼 자는 돌밖에 없어
원주민들은 돌로 사람 모양을 지었으리라.
천천만만 겹의 물결 세월을 지나
바다가 변하여 뽕나무밭이 되기를
기다림의 세월을 천천히 견디며 이었으리라.

설상가상雪上加霜

1.
마흔 나이에 장가도 못 가고
노총각이 되어 혼자 사는
청년 아닌 청년들이 많다.

자연 저 나이 때의 나를 되돌아본다.
눈만 뜨면 발바닥에 불이 나도록
꽃밭에 넘어질 생각만 했다.
벌도 아니면서 꽃밭에서 꿀만 빨았다.

늘 내일이 오늘 같은 세월은 없다.
어떤 꽃은 잎이 망가지고
목이 부러지고 가슴이 무너지고
뿌리째 뽑히는 꽃도 있었다.

꽃만 그러하겠는가.
나도 덩달아 폐차가 되어 망가졌다.
녹 슨 쓰레기가 되었다.

자연의 순리에 따라 겨울이 왔다.

월동 준비도 안 된 알몸에
설상가상으로 서리가 내리고 눈이 덮쳤다.

녹음방초 하시절에 두 날개로 부르는
매미의 노래라면 귀를 기울여도
추풍낙엽 찬바람에 날개를 떠는 소리에는
누구 하나 귀 기울여 주는 사람이 없었다.

눈밭이 아니더라도 엎어지면
이마빡이든 뭐든 다치게 마련이다.

2.
계단을 오르내리는 것이
팔다리 운동도 되고 건강에 좋지만
설상가상 격으로
사고도 자주 나는 곳이 지하철 계단이다.
늙어 제일 조심해야 될 낙상이
나에게는 계단을 오를 때 자주 생긴다.
내 가까운 친구도 무심히 오르내리다
여러 번 당해 절뚝이고

이마가 까진 그나마 천만다행을 보았다.
자칫 발을 헛디디거나 얽히면
지하세계가 그만 영원한
내 집이 되는 골택골에 묻히게 되다.
그래서 지하철 계단을 오르내릴 때마다
잠시 멈춰 서서 숨을 고르고
빨리 가봐야 누가 상을 주는 것도 아니니까
안전제일주의로 천천히 간다.
칸칸이 쌓인 저 계단 같은
설상가상 인생은 살지 말자고
자신도 모르게 은연 중
조심도 팔자인 조심을 하게 된다.

설왕설래 說往說來

1.
침묵은 금이라
일생 어디서든지 된 말 안 된 말
지저분하게 늘어놓지 말고
너스레 없이 살려 했다.
목구멍이 포도청이라
씨가 되는 말을 가지고
죄가 될까 봐 시詩를
아이들에게 부끄럽게 가르치며
말로써 입에 풀칠을 해 왔다.
그래도 남는 이 부끄러움을 어찌할까.
시 냄새만 겨우 맡고도
시를 무불통지로 가르치는
시창작교실도 허다한데
그보다 더한 옥신각신 말다툼하다
리얼하게 설왕설래舌往舌來하며
생 혓바닥을 까는 쓰레기 국회도 여는데
스스로를 위로해도
부끄러움이 그대로 피처럼 흐른다.
그 말로써 말 많은 말이

이제 나잇살이나 먹으니 오히려 그립다.
오래 발길조차 끊겨 찾는 이 없어
저절로 입 닫고 있으니 군내가 난다.
설왕설래를 칫솔질 하듯
설레는 마음으로 하고프다.

2.
오해가 없었으면 한다.
설왕설래가 말다툼만이 아니다.
좋고 부드러운 말도 너무 많다.
아니 그런 말이 우리 일상사다.
바다에서 자란 우리들은
여름철이면 산골짝으로
연례행사처럼 천렵을 자주 나갔다.
어항 하나 놓는 것부터 모두가 서툴렀다.
서툰 만큼 의견을 나누며 지혜를 모아
고기가 잘 다니는 길에 놓고
때를 기다렸다.
그거 다 말이 있어 통하여 된 거다.
그물로는 물 숲을 훑어

버들치며 꾹저구 모래무지 등을 잡아
손가락으로 창자를 빼낸 후에
어죽을 끓여 먹는 맛은 어디에 비하리오.
지금도 고향에 가면 어릴 적 천렵친구를 만나
그 시절로 되돌아간다.
어릴 때 하던 순수한 말이
아직도 고대로의 사투리여서 정답다.
말이 잊히지 않으니
설왕설래가 돋우는 옛 입맛도 의구하다.

3.
세 치 혀를 조심하라 예부터 일러왔다.
말로써 말 많으니
말 않을까 하노라는 시조도 있다.

나는 그 말이 하나도
거짓 없는 사실이라 믿는다.
혀가 닳도록 밤낮으로
거짓말로 일삼는 정치꾼 때문이다.

하지만 입이 있으니
할 말은 해야 한다.
안 하면 병이 난다.

아버지는 유생의 기질이 있어선지
삼일절 기념행사장에서
시간을 안 지킨 기관장에게
칼 같은 말로 항의했다.

그 혀가 상시 매서운 것이 아니다.
장날이면 길바닥에
전을 펴놓고 목청이 터지라고
손님을 모아 먹고 살기도 했다.

나는 어릴 때에는 설왕설래說往說來를
설왕설래舌往舌來인 줄 알고 살았다.
세 치 혀로 가족을 먹여 살린
아버지의 혀를 생각하면
그저 지금도 눈물이 흐른다.

세세년년 歲歲年年

사람들은 해가 다르게 늙어간다고
이구동성異口同聲으로 입버릇처럼 한탄한다.
생명을 지닌 것은 다 마찬가지다.
세월 속에 늙고 탈나고 망가진다.
나는 내 인생, 그건 그 사람의 인생
각자는 타고난 팔자가 따로 있다.
평생 늙을 줄 모르고 살다가
어느 날 주름투성이인 꼬락서니에
한숨이 저절로 터지는 것은 당연하다.
세세년년을 두고 옛 시인은
세세년년화상사歲歲年年花相似라 읊고
사람은 해가 다르게 늙어간다고 노래했다.
유독 사람만이 변하랴.
흐르는 물은 다투지 않는다고 해도
굽이돌 때마다 서로 앞서가려고 소리를 내고
꽃도 먼저 세상 구경하려고 앞 다퉈 가며 핀다.
하다못해 하찮은 풀잎들도
마치 아귀다툼하듯이 고개를 내밀고 있다.
만물은 다툼 속에 경쟁하며 살고 늙는다.
그 다툼이 물처럼 꽃처럼 돼야 아름답다.

세세년년이 우리에게 그렇게 와야 한다.
금년의 내 관심사는 우크라이나의 밀밭이다.
드넓은 들판에 씨 뿌려지고
푸르게 팬 초록 물든 밀밭의 아름다움을
일시가 아니라 세세년년이 되도록 보고 싶다.

소신공양 燒身供養

음력 정월의 산골 집 부엌에 앉아
아궁이에 장작을 넣고 불을 지핀다.
처음에는 매운 연기 때문에 눈물이 나고
그 눈물방울 속에 한 발 앞서 간
아내도 잠깐 비치더니만
(이것도 나무의 무언無言의 선물인가)
마침내는 불길이 활짝 불두화로 꽃 피었다.
사내냄새 맡고 싶은 과부의 코끝을 스치듯
나무토막들의 소신공양이 향기롭다.
내 몸도 저 불길 속에서 재가 되겠지.
구린내로 썩은 몸도
히말라야 적설 같은 고적한 한 줌 흰 재가 되겠지.
아 저 불에는 악마도 부처도 같이 사는구나.
그래서 부처에게 갈 때는
나무사람 되라고 겁怯과 겁劫을 거쳐
만다라의 꽃 피듯이 따뜻하구나.

송구영신 送舊迎新

1.
소처럼 뚜벅뚜벅 한 해는 가고
조선호랑이의 등에 업혀 새해가 왔다.
버릴 것은 아주 미련 없이 지우더라도
손에 놓아버리기에는
아쉬운 것도 좀은 있다.
말하자면 등에 앉은 쇠파리들을
한가롭게 휘휘 쫓던
쇠꼬리는 조금은 남겨야 한다.
쇠파리처럼 윙윙대는 쓸데없는 놈들이
너무 많은 세상이니까
치고 때리고 쫓아야 한다.
더러는 소처럼 힘든 노동의
하루하루더라도
사람들아, 인간이 되려면
무서운 채찍 같은 호랑이 꼬리도
쇠꼬리로 만들며 사는 방도를 찾자.
단군 할아버지 때부터
쑥과 마늘의 길을 걸어온 우리들이다.
예부터 우리 선인들은 백두산 호랑이도

때로는 민화 속의 호랑이로
담배도 같이 피우고 길동무도 하며 살아왔느니.

2.
해피 뉴 이어, 거기다가
메리 크리스마스까지 곁들인다.
새해맞이로 태백산 마루에 오르기도 하고
해 뜨는 정동진행 기차에 몸을 싣는다.
또 제야에는 보신각에서 타종까지 한다.
그것은 다 살 날이 넉넉한 사람들이나
하는 짓거리, 늙은이에게는
어릴 때 설빔으로 새 옷 갈아입듯이
낡고 헌것이라고
살아온 세월을 팽개칠 수는 없네.
하루하루가 너무나 정들고
버리기에는 아까운 세월이라서 그러하네.
나에게는 새것이라는 것은
이승이 아닌 다른 세상이니까.
아직은 살아 있는 이 순간뿐이니까.
한 번 시집 더 가듯이 송구스레

송구하지 말고 새 신부처럼 영신아 와라.

3.
호랑이해가 되자 말로만 듣던
진짜 호랑이가 나타났다.
온갖 비리에 가감 없이
쇠고랑을 채우는 사람 호랑이다.

짐승들은 불을 무서워한다는데
횃불혁명이라는 불에도
눈썹 하나 끔적 안 하는 호랑이다.

횃불혁명의 대세를
좌지우지하던 무리가 차이나라니
사실이면 얼마나 기절초풍할 노릇인가.

적폐청산이라는 기치를 내세우며
5년 내내 전 정부 관련인사들을 잡아넣은
20년 집권을 호언장담하던 세력도
권불 10년, 5년 만에 쇠꼬리를 눕혔다.

사람 호랑이가 등판하니
초록 잎들이 싹트듯이 세상이 파릇하다.
경인년 새해가 더 밝아보였다. 생기가 있었다.

떠오르는 신 새벽이다.
시름 걱정을 거두고 이제야 심호흡한다.
오래 잊고 지냈던 입춘대길이라는
입춘방立春榜도 문짝에 새로 붙여야겠다.

4.
어렵게 찾아온 호랑이는 평소에는
사람을 해코지를 잘 안 한다. 그 호랑이가
짐승만도 못한 사람종자라고
칼날 같은 이빨로 물고 풀지 않았다.

옛날 박지원이라는 선비가 있어
소설 『호질전虎叱傳』을 지어
양반들의 탐욕을 질책한 바가 있다.
지금 세간의 구린내가 그러했다.

사치가 극에 달해 세계를 놀라게 했던
이멜다보다 밀리지 않는
너무 한 옷차림을 한 여자 때문이다.

송구하게도 해가 바뀌어도
때때옷 입은 영신이는 오지 않았다.
근하신년이 되어도 영신이 없으니
근하도 발을 끊은 송구불사춘送舊不似春이었다.

설빔으로 새 옷은 입어야 하는데
그렇다고 유명 브랜드의 국모가 입은 옷은
쇠고랑 찰까 못 입겠다.
새해가 왔어도 떠오른 해의 속셈은 무엇인지.

5.
해는 궂으나 개이나 가기도 잘 간다.
세월이 주는 나이를 한 살 더 먹었다.
나이를 먹다니
무엇을 먹은 줄도 모르고 쌓인다.
수명은 짧아지고 재물도 축나고

이 모든 것은 경계도 없고 틈도 없고
간격이나 사이도 없이 축만 나는데
나쁜 것만 먹고 늘었다.
손에는 어떤 카드도 없다.

돌아보면 어떻게 살아왔는지
정신없이 바쁘게 넘긴 세월이었다.
그러나 봄은 절망보다는 꿈이다.
꽃피는 내일은 봄에만 온다.
마음을 새롭게 하는 것은
얼마나 복된 우리들의 누리는 지혜인가.
그래서 문짝이나 기둥에다
'건양다경'이라 고전적인 광고를 한다.

마음으로 빌지 않아도 오는
봄은 나른한 낮잠도 없다.
다경多慶이를 기다려야 한다.
새롭게 다경이를 맞을 꿈을 꾸어야 한다.

6.
제야에 명동거리를 걷던

우리들의 데이트는
남산의 숲까지 깊어졌다.

눈은 내리고 나는 손이 시리어
그녀의 가슴이 내 품인 듯 손을 녹이고
마침내 우리들 사랑은 허용되었다.

얼음 같은 찬 손도 녹일 줄 아는
따뜻한 마음이
사랑임을 처음 알았다.

오늘과 내일, 제야와 새해, 현재와 미래
넘어가는 경계를 만들고 살던
그대와 나 사이는 물 흐르듯 이어져
사랑이라는 이름으로 경계를 지운다.

제야의 설한풍의 섭섭함도
다 녹듯 사라진 춘첩春帖 같다.
밖에 나돌지 않고도 안방에 앉아
텔레비전에서 흐르는

제야의 종소리를 듣는다.

그리고 기념으로 서로 주고받고 싶은
세상에게 가장 아름다운 선물이 될
햇덩이 같은 아기를 갖는 사랑을 한다.

올해도 무사함을 비는 춘첩에는
액 댐의 터널을 빠져나온 자들의
내일을 여는 환한 세상
빛의 쏟아짐이 있으리라.

나날이 다 그날인데 신기하게도
새날인 듯 산뜻하게 사는 의미를 주고
오늘을 슬기롭게 사는 너와 나다.

7.
메리 크리스마스, 해피 뉴이어
서양에서는 두 명절을 같이 싸잡아
축하 인사들을 나누지만

돌아가신 부친은 그 내력은 몰라도
나름의 지켜온 고집이 있어
제야와 새해를 갈라 지내셨다.

유달리 무슨 큰 행사가 있는 게 아니라
한 해를 보내는 섭섭함과
다가올 새해에도 가족들의 건강 정도의
아주 가벼운 일상이었다.

그래도 집안에서 거르지 않고 치르는
일이라 식솔들 모두가
자기를 돌아보고 꿈을 가지는 시간이기도 했다.

가친은 주문진 바닷가에 터를 잡고
명태 건조업으로 생계를 이어오면서
세모 때면 어떡하든지
이웃에게서 변통變通한 급전을 갚아야
숨을 편히 쉬며 새해를 맞이하였다.
해가 바뀌면 묵은 빚은 청산한다는 것이
아버지만의 생각이 아니라 아마 그 시절

우리 이웃들의 생활의 불문율이었던 같다.

그래서 나도 송구영신이 되면,
마음에 짐이 될 만한 일들을 털어내듯이
도서관에 미납한 책들도 반납하고
빈손으로 가볍게 제야를 맞이했다.

가진 것 없다고 섭섭해 하지 마라.
무어라도 지푸라기라도 손에 들리리라.
보고 배운 습관이 무서운 빈자貧者의 정신이다.
가난할수록 뒤가 맑아야 한다.

8.
송구영신을 앞둔 세모 무렵에는
연례행사처럼 묵은 때를 벗기러
대중목욕탕에 갔다.

제야는 때를 벗기는 날.
목욕탕에도 통금이 있던 시절
어머니도 어머나 하면서 서둘러 가고

아버지도 만사를 제치고 입장하고
가족 전체가 모두 때를 벗겼다.

거짓말 좀 보태
일 년 묵힌 때란 있는 것일까.
얼마나 어렵게 살았으면
3년 묵은 때란 말도 있었을까.

살면서 묻은 온갖 잡것 다 쓸어내고
씻어내어, 몸도 마음도 정결하자는
마치 종교의 세례의식 같았다.

그래야만 조상들께 차례를 올리고
어른들은 할 일을 다 한 듯 점잖게 앉아
기꺼이 자식들의 세배를 받아 왔다.

대대로 조상과 가족에게도
부끄럽지 않은 세세로 세습世習되어온
유교풍 체통이 서기 때문이다.

새해가 되면 굴건제복하고
해묵은 때를 밀어내듯 삼가고 금하던
아버지의 경건한 모습이 떠오른다.

9.
마음의 나이보다 드러난 주름이 깊다.
아버지는 정초면 남들이 다 들추는
토정비결을 가족 수대로 봐 주셨다.

베스트셀러였던 세창서관 판도
유물이 된 지 옛날인데도
그 낡은 토정비결 책자를 뒤적였다.

나는 왜 그래야 하는지도 모르고
그저 아버지의 세습에 익숙해져 갔다.

가친의 인생철학은
뭐든지 누적되면 오줌발처럼
수시로 털고 가자는 주의다.
주먹구구식 주장일지 몰라도

나름 일리가 있다.
오줌발의 시원함이야 어디에 비하랴.

부모 자식 간에도 짐이 되는
살면서 쌓인 먼지 같은 일들도
괜히 거북하니까
탈탈 털고 가야 한다는 견해다.

여기엔 예수가 지고 간 십자가처럼
고행으로 저승 언덕을 넘지 말고
가볍게 소풍가는 기분으로 맞이하자는
뜻도 깃들어 있었다.

송구영신의 해가 바뀌자마자
그래서 나도 토정비결 글귀가
다 맞는 건 아니더라도

재미삼아 본다 하면서도
왠지 안 볼 수 없어
통과의례처럼 보아 왔다.

세상은 무섭게 변하는데
먼지가 켜켜이 쌓인 토정비결의
말씀은 의구하다.

10.
우리나라 사람들은 예로부터
설 무렵에 일 년 운수나 점을 보기를 좋아했다.
요지음도 점집은 선거철만 되면 문전성시란다.
대통령도 점 구설수로 설왕설래다.
아버지가 생존해 계실 때에는
우리 집도 마찬가지였다.
시중에서 토정비결 책자를 구해 와서
매년 본인은 물론 가족들의 일 년 운세를 보셨다.
행년신수에는 늘 가족들의 무사안일이 있었다.
무슨, 무슨 성은 손재수가 있으니
조심하라는 글귀나
어디어디 방향은 나쁘다 하면
삼가고 근신하는 것이 나쁠 것 없다고
가족들에게 일러 각인시켜 주셨다.
운수대통 좋은 일은 발설하면 부정탈까봐

입에 올리지 않고
화가 닥칠 일만 일러주셨다.
새해가 되면 우리 집은 토정비결을 보려는
동네 어른들로 문지방이 닳았다.
까막눈에 돈 일이천 원도 아까운
가난한 사람들이 많던 시절이었다.

11.
옛날에는 배운 사람이건 못 배운 사람이건
새해에는 누구나 정치 얘기를 한두 마디씩 건드리고
풍흉 년의 농사일을 점쳤다.

새 정부를 여는데 매사에 지난 정부를
탈 잡는 것은 어리석다.
또 지난 세월에 누렸던 권세를
죽자고 틀어쥐고 있는 것도 너무 지나치다.
어찌될지 두고 볼 일이다.
마스크 한 장에 내 목숨을 의지하며
햇수로 한 삼 년을 살았다.
소에서 호랑이로 토끼로 변신하며

송구하고, 송구하고 그저 송구했다.

해가 가는 줄도 몰랐던 세월에
새해가 온 기분을 느낀다.
물론 달라진 세상이 불편한 사람도 있다.

중단되었던 원자력이 살아나고
태양광이 사라진 고통도 있다.
아주 망가진 대장동은 죄대로 가고
나머지 사소한 것들은
눈감고 지나는 아량도 필요하다.

완벽하게 깨끗한 세상이 되면 좋겠지만
그런 세상은 없고 오지도 않는다.
엔간한 것은 그저 더불어 살거나
눈 질끈 감고 묻어두는 거다.

다가오는 새해에는 토끼해니까
초록 들판을 뛰노는 토끼처럼
남의 얘기도 귀를 세우고

쫑긋 쫑긋 들으며 귀엽게 살아야지.

멀뚱하니 앉아서 귀를 만져 보는 한해다.
비워두고 살 나날에 경사가 나길 바란다.

12.
새해라고 설빔으로 어머니는
새 옷을 사 입히셨다.
그것으로의 행복은 잠시뿐
시간이 지나가면서
그 모든 새것이 낡은 것이 된다.
어쩔 수 없다.

사는 것은
새것만으로 사는 것이 아니다.
낡은 것이 쌓이고 쌓여
정이란 것이 새 정처럼 붙고
낡은 것도 내 것이 된다.

늙은 여편네의 흰 머리칼에

고락을 함께해온
지닌 주마등같은 추억을 맛보는 감동이여.

새것은 그 수명이 짧고
낡은 것은 오래고 편안하며
안정감과 쉬고 싶은 휴식이 있다.

사람들은 그 구닥다리라 여기는
송구로서 감사하며 산다.

13.
송구영신
낡은 것을 터는 것이
반드시 옳고 좋은 것은 아니다.

한국 전쟁에서 포로가 된 미전향
인민군 병사가 수십 년을 옥살이를 하다
형기가 남았음에도 그냥 북으로 보내졌다.

한때 북에 살던 동포가 목숨을 걸고

사상보다는 자유를 찾아
남하하여 이 땅에 정착하기도 했다.

또 지난 정권에서 살던 곳을 버리고
바다를 건너온 동포를 다시 북으로 보내
죽음에 이르게 하여
지금 국회에서건 시끄럽다.

분단된 국가에서 눈뜨고 사는 현실이니까
송구영신을 하여도
어디로 가야 할까 망설일 때가 있다.

하지만 먹고 사는 문제는 다르다.
온 인민에게 하얀 이밥을 먹도록 해 주겠다는
장담은 새빨간 거짓이 되고
입에 풀칠도 힘든 나라를 탈출한 사람들을
누가 탓할 수 있으랴.
가난과 굶주림의 질곡에서 벗어나
새 삶을 찾은 송구영신이
진짜 송구영신이라고 본다.

14.
새해가 다가오면 고향을 등진 사람들이
귀향 보따리를 싸는 것도 옛날이 되었다.

그 대신 호텔을 예약해서
먹고 자고 쉬며 일출을 보려고
정동진이나 제주도건 어디든 떠난다.

아니다, 한술 더 떠서 송구영신을
비행기를 타고 외국에 나가
제사상에 바나나 등속을 놓고 지낸다.

돌아가신 부모도 탈북 가족 김만철처럼
따뜻한 남쪽나라여서
춥지 않아서 좋아하신다나 어쩐다나.

이참에 부모님 혼령도 생전에 못해본
해외여행을 하는 셈이다. 죽어서
자식 덕에 호강한다고 해야 하나 어쩌나.

제기를 차거나 팽이나 윷놀이 등
세시풍속도 구습이 되고 말았다.

송구영신의 새해에는
팽이나 제기를 찰 줄 모르는 아이에게
내 어릴 때 놀던 세시풍속보다
컴퓨터 게임에 매달려 놀게 두어야 한다.

세상이 빠르게 변해 좀 미루면
일생을 뒤처지는 일도 다반사니
시류에 맞게 송구영신도해야 한다.

15.
송구영신이라는 말 자체도 없는
세상이 되면 어떻게 될까.
새롭다거나 새것이라는 느낌도 무감각해 질까.
기록할 역사도 스릴도 서스펜스도
십자가도 모스크도 부처도
시기와 탐욕의 싸움도 사라지고
싱거운 맹물 같은 세상맛뿐이면 어떨까.

전쟁이 없는 세상을 간절히 기원하면서도
전쟁이 터져야 다시 재건하고 건축한다.
인간은 그 파괴 본능을 버릴 수 없다.

산사태 지면 복구하고 또 반복하는 것이
자연과 인간의 역사다.
전 세계가 기후재앙의 공포에 시달려도
싸울 것은 물론 싸우지 않을 것도 싸운다.

우크라이나 전쟁으로 러시아가
가스 공급을 끊었다고
유럽이 괴로운 것은 한때뿐
모든 게 천장지구天長地久다

불편하고 괴로운 데서 희망은 싹이 트는가.
나는 그 바람으로 마스크를 벗어 던지듯
12월 제야의 달력 장을 뜯고
송구영신은 염두에 두지 않고
분명 1일자로 셈하는 새 달력을 다시 건다.

16.
송구영신도 세시풍속의 하나다.

택배가 없던 시절에는 선물 보따리를 들고
몸소 가까운 어른이나 친지 댁을 찾아
문안 인사를 하는 것이 예의였다.

우리네 삶이 그러하듯이
택배가 대세인 세상이 되면서 선물 치레도
일사천리로 만사형통이다.

내 경우는 선물을 주는 세대에서
받는 세대로 흐르다
그마저 아예 끊긴 세대로 되었다.

60년대에는 요즈음 같으면
몸에 해롭다고 기피하는 설탕이나
곶감 등속을 제일 많이 보냈다.

80년대부터는 직장의 지위도 올라가고

주로 거래처로부터
소갈비나 육류를 많이 받았다.

대학에 가서는 술이 제일 많았다.
내가 술을 즐겨한다고
제자들이 가져오는 선물이었다.
정년을 한 2천 년대에는 주로 인삼이었다.

근년에는 별로 베푼 것도 없는데
선물이 너무 부담되고 염치가 없어서
몇 년을 간곡히 거절한다고 밝혔다.

인심은 조석변이라는 말이 그르지 아니하다.
전화 한 통화에 문전성시는 아니더라도
그나마 매해 오던 선물이 딱 끊겼다.
차제에 잘 되었다 싶은 그 심정을 내가 안다.

나도 마찬가지로 개운하면서도 서운하다.
그렇게 사람은 한 세상을 살다 가듯이
송구영신도 내 인생에서 지워지겠지.

17.
송구영신의 새해가 밝아오면
제일 먼저 떠오르는 것은
한 해가 무사 무탈했으면 하는 소망과
일 년 대계의 평탄대로다.
거기에는 언감생심으로 등대지기도 있다.

넓고 넓은 밤바다를 내 것으로 삼아
방향타를 잡고 태풍에 흔들리는
고립무원의 뱃꾼들의 등대가 되고 싶었다.
만경창파 일엽편주에 몸을 싣고서
소맷자락에 하얗게 소금 꽃이 핀
이들의 등불이 되고 싶었다.

아무리 송구영신의 해가 솟아도
등댓불 얼굴만큼 반갑지 않으리.
늘 밤바다로 출항하는 사람들에게는
그 불빛이 하나의 태양 같으리.
항구를 나설 때도 먼 바다로 나가고
돌아올 때도 같은 뱃길로 오는

뱃사람들의 항로는 만선의 기쁨보다는
바다가 주는 대로 받는 순응이다.

'노인과 바다'의 노인처럼 한결같이
그립고 정다운 것들을 찾아 안식하고파
파도의 시간과 싸우는 사람들이다.
그들을 위해서도 밤바다에서는
송구영신의 해 같은 등대불이 되고 싶다.

송학축수 松鶴祝壽

아침에 일어나 서재에서
하루 일과의 시작으로 요강을 쥐고
습관처럼 소변을 보다가
송학축수 자수 액자에 눈이 갔다.
저 자수는 중국 난징인가 어디에서
구닥다리로 요즈음도 자수를 놓고
걸개그림 가리개를 쓰기도 하나?
어머니 생각도 나고
20세기식이라 향수도 있고
신기하기도 하여 샀다.
자수의 소나무나 학이 한눈에 봐도 조잡하다.
하지만 그 헐값이 오히려 서민적이라
액자로 만들어 서재에 걸어 두었다.
그러고 보니 나도 영락없이 올드맨이다.
절대 소나무나 학처럼
장수하고파 건 액자는 아닌데
저 자수에 신통한 효험이 있나 보다.
나는 여든이 넘도록 수壽하고 있다.
기왕이면 한 백세는 살았으면 한다.
과욕은 금물禁物.

옛 선인이 남긴 말 중 제일 새길 말.
인간의 과욕 중 목숨만큼 큰 게
어디 있나 하면서도
재물도 아니고 목숨인데 어떠랴 싶다.

수구여병 守口如甁

죽의 장막인 중국이 문을 열기
한 두어 해 전부터 드나들었다.
나로서는 높고 험한 차마고도는
고산병 때문에 포기하고
명산 천문산이 있는 장가계는
한국사람으로 인산인해라
사람에 밟힐까봐 스스로 포기했다.
그밖에 천산산맥의 눈이 녹아
땅 밑으로 강이 흐르는 돈항의 막고굴이나
장강삼협으로, 황하로, 백두산 천지로
어지간히 발이 닳도록 다녔다.
나는 드넓은 땅에 비해 수구여병이다.
당나라 왕유王維 시에
친구 원이元二와 이별하며
서출양관무고인西出陽關無故人
양관 서쪽으로 나서면 벗을 못 보리라는
실감 나는 시구가 있다.
양관 밖을 나서면 언제 만날 수 있을지
알 수 없는 아득한 타클라마칸과 이어진다.
하지만 중국은 뻥이 심한 나라다.

태산이 얼마나 높다고 자랑했으면
우리나라 옛 시인들은
'태산이 높다 하되 하늘 아래 메이로다'로 읊었으랴.
태산이 높은 것은 주변이 맨 들판이어서다.
세계의 높은 산에 비하면 족탈불급이다.
그저 입 막은 벙어리가 될 밖에 없다.
태산에 올라 두루 살피니
어깨에 멘 양쪽 짐대에 벽돌 서너 장씩 달고
1500미터 산을 걸어서 오르내리는 짐꾼도 보인다.
사람값과 벽돌 값 중 어느 것이
더 비싼지 가늠이 안 됐다.
내 눈에는 사람이 이리 헐값이면
태산은 높다 한들 무슨 자랑거리가 되랴.
수구守口를 못하겠다.

십시일반十匙一飯

나는 이 몸뚱이가 내 해 아님을 안다.
고맙게도 태어나면서부터
아버지, 어머니가 주무르고 만들어서
오늘이 있다. 그 뒤부터는
수많은 사람들이 오가며 숟가락으로
별별 밥을 다 먹여주고 보태주어서 내가 산다.
쌀밥, 보리밥, 잡곡밥뿐만 아니라
삼 년만 먹으면 부자가 된다는 콩나물죽,
열 살 무렵의 피난시절에는
정말 진절머리 나게 배고픈 배를 채운
진저리라는 해초로 만든 진저리밥도 있었다.
비록 전 세계 사람들이 숟가락질해대는
부처나 예수의 밥은 아니지만
일생 시 쓰며 가난하게 살아온 내 밥에도
숟가락 얹고 싶은 사람이 있다면
다 된 밥은 아닐지 몰라도
이 눈물 섞인 내 십시일반의
밥을 기꺼이 나누려고 한다.
그리 될지는 모르지만
빈자貧者의 일등一燈이 되려 한다.

2부

암향부동暗香浮動

환자들은 의사에게 한번 잡히면
죽어서야 풀려난다.
비뇨기과는 여섯 달에 1번
새로 다니는 신장내과는 매달마다 1번
혈액종양내과는 일 년 걸쳐 1번
진료 때마다 채혈실에 들러 피를 뺀다.
그밖에 종합검진에서 뽑는 피도 있다.
피가 아까워 적게 뽑으려고
시도도 해 보았지만 말짱 도루묵이다.
내 병의 경과는 피검사로 끝난다. 쉽다.
피검사 차트만 볼 줄 알면 의사도 되겠네.
병을 고치기보다
점점 몸에 피가 말라서 죽겠다.
피는 내 몸의 향기다.
내가 가진 사람냄새를 풍기는 향기다.
그 향기가 사라지면 죽는다.
어젯밤 꿈에는 15, 6년 사별한 아내가
그동안 홀로 살아 갸륵해선지
머언 먼 길을 암향부동으로 와서
그 향기를 내 몸에 수혈해 주고 갔다.

감격해 아내 이름을 부르며
비몽사몽으로 울다 깼다.
저승에서라도 나를 생시처럼
찾아주는 아내가 있다니
나는 정말 모처럼 그냥 흐느꼈다.

약존화의 略存畫意

70년대 초 한 출판사의 편집부에 있었다.
그때 동료로 한 열 살쯤 연상인
형님뻘 되는 분이 있었다.
이 분과는 퇴근만 되면 술집깨나 돌며
골동품 얘기로 그림 얘기로 쏘다녔다.
다니면서 얻어듣고 배운 것도 적잖았다.
그만큼 나를 잘 이해하고 알던 분이었다.
하루는 부친이 쓴 붓글씨라며
나에게 추사체를 본뜬 서예 한 점을 주었다.
해군 정훈감 대령으로 예편해선지
글씨가 힘찼다.
일생다득추기 一生多得秋氣
매사약존화의 每事略存畫意
내 성품을 보고 헤아려 내린 글이었다.
나는 이 글을 줄여 '다득추기 약존화의'를
서실 훈訓처럼 여기고 살았다.
특히 화의畫意가 뜻대로 잘 되지 않아
화의火矣가 되기도 하고 화의花意가 되어서
꽃밭에만 한동안 매달렸다.
다행히 다득추기가 문진처럼 눌러주어

이만큼이나마 오지 않았나 싶다.
어쨌든 한때나마 꽃에 입을 댄 일은
잊고 싶지 않은 추억거리가 되었다.

어두일미 魚頭一味

생선 중에서 생선 대가리가
제일 맛있다고
말한 사람은 누구일까.
정말 맛있어서 그리했을까.
나는 음식점에서 생선지리나 매운탕이 나올 때도
먼저 국자로 생선머리를 골라 갖다 먹는다.
그러면 동료들이 생선머리만 먹느냐고
살점을 주기도 하는데
그때마다 나는 북극곰이 연어를 잡아서는
제일 먼저 머리만 먹고 몸통은 버린다는 얘기를 한다.
정작 그러는지 못 보았지만 그렇게 얘기한다.
실은 먹는 나도 머리 부분이 제일 싫다.
맛보다는 번거로워 싫은 것이다.
한데 늙으며 언제부턴가 생선 대가리가 좋아졌다.
시간이 한가하여선지
대가리의 살점을 요리조리 바르고 골라먹는
맛이 만물 중의 상위포식자로서
은근히 가슴이 펴지기 때문이다.
내가 짐승과 다를 게 뭔가.

오매불망 寤寐不忘

일생 한 이불 속에서도 감춘
오매불망寤寐不忘했던 연인처럼
촉촉한 눈길로 내 곁을 스치듯
빗금으로 스쳐가듯
연둣빛으로 비가 오네.
바람 나 살랑살랑 봄비가 오네.
자작자작 발소리도 숨기듯
마음이 오는 소리로 들리네.
(왜 이리 설레지.
참 오랜만인데
마음이 벌써 젖었네.
좀 죄가 되면 어때.
설레는 죄라면 짓고 싶어.)
사춘기가 다시 오는 걸까.
몇 십 년 전의
중학생 까까머리 머슴애가 있는
교실 밖 복도를 뒤꿈치 들고
수줍게 지나가듯
그 머슴애 알까 모를까
비가 가슴을 그으며 오다 서운히

눈물 얼룩으로 사라지네.
후렴구 같은 쓸쓸함이 감싸네.
검은 칠판에 분필로
똑, 똑, 똑, 흰 점 찍듯 그리운
깨이어 눈감고 추억처럼 듣는
빗방울 하나 툭 떨어지네.

우후죽순 雨後竹筍

올해는 비온 뒤의 솟아나는 죽순처럼
여기저기서 행인들을 해치거나
무작정 죽이는 일들이
항다반사로 날벼락처럼 터진다.
공연히 바깥출입 하기가 두려워진다.
코로나를 거친 여파 때문인가
유난히 무더운 폭염 때문인가
아니면 끊임없이 9월 위기설이 나도는
은행권의 금융 불안 탓인가.
네가 칼 들고 날치니 나도 그런다는
작태가 마치 유행처럼 번진다.
까뮈의 소설 「이방인」의 주인공
뮈르소도 알면 울고 가겠다.
왜 이런 불상사가 벌어질까.
사람과 사람 사이에 믿고 살았던
신뢰가 사라졌기 때문이다.
쉬운 예로 우리가 이발소에 가서
면도칼을 든 이발사에게
자기 목을 예사로 맡기는 믿음이
우리들 사이에 언젠가부터 무너져서다.

유유상종 類類相從

1.
비록 서로가 다르다고는 하나
나는 라일락꽃은
서구 사람들이 가져간 우리 꽃
수수꽃다리로 안다.
모양이 너무 닮아서다.
하나님께서 얼마나 이 땅이 좋고
사는 백성들이 어질고 순했으면
봄꽃으로 수수꽃다리를 심고
이웃과 이웃끼리 마을과 마을끼리
사이, 사이를 오가는 향기를 주었을까.
꽃을 보는 내 마음이 그러하다.
꽃의 국적이나 원산지를 따지는
편 가르기를 해서 무엇하랴.
유유상종하다 보면
둘도 없는 아삼륙이 되어서
네 것 내 것 없이 향기를 같이 나눈다.
봄에, 봄의 향기를 한껏 피어 올리고
마음을 나누듯 그 향기를 분배한다.
자국인 이방인 가릴 것 없는

글로벌한 세상이어도
아무나 할 수 있는 예삿일이 아니다.
예를 들자면 코 막는 양코배기의
노린내도 지우고
향긋한 꽃냄새로 신방 차리듯 하는
이 땅 사는 사람들의 티를 안 내는
선심이 읽히는 일이 어디 쉬우랴.
어여쁘다. 봄 향기를 피어 올리며
유유상종하는 라일락 같은 수수꽃다리.
수수꽃다리 같은 라일락.

2.
외롭고 서로 힘을 모아 의지하며
살아가고자 우리는 같은 무리끼리
곧잘 초록은 동색이 된다.
그중 큰 무리는 누가 시키지 않아도
대동단결이 되는 국민성이나 민족성이다.
88올림픽 축구경기에서
운동장뿐만 아니라 광화문 광장이나
시청 앞 넓은 뜰과 골목을 채운

목이 쉬어라 지르는 응원의 함성이 그것이다.
그것은 때로는 말할 수 없는
감격과 감동의 눈물보따리를 주기도 하지만
곧잘 분노의 파도를 일으키기도 한다.
유유상종하는 이것들은
가재는 게편, 솔개는 매편 하듯 편으로 갈리고
이리가 짖으니 개가 꼬리를 흔들어 행동으로 나뉘고
부부는 일심동체이듯이 마음으로도 하나가 된다.
가리고 나뉘고 하나가 되듯
다르면서도 같은 듯 유유상종으로 산다.

유종의 미有終之美

고스톱 판에서 몇 푼 잃고
두 손 털고 좀 섭섭하지만
내일이 있으니까 중얼대며 일어선다.
놀음판이 아니더라도
걸핏하면 내일이 있으니까 라며 살았다.
만만한 게 내일인 듯 미뤘다.
쌓아놓고 사는 내일인 듯……
그 내일이 내 모든 꿈이 담긴 오늘임을
다 늙어서야 절감하는 '내일'이여.
내일이 없으면 미래도 없다.
내 곁으로 다가올 꿈도 끝이다.
내 인생의 생로병사도 희로애락도
내일에 유종有終의 미美처럼 걸고
내일이 없는 채 오늘을 산다.
유종의 미란 결국은 두 손을 부딪쳐
아픔이 아니라 박수가 되는 잘 끝난 상처다.
우리가 예사롭게 하는 말
"박수치며 끝냅시다."가 유종의 미다.

이실직고 以實直告

"이놈 네 죄를 이실직고 하렸다."라는
사또의 불호령만 이실직고가 아니다.
그렇지 않은 것도 여럿 있다.

옛날에는 그저 비는 것이 이실직고였다.
나라님도 명산대찰 名山大刹에 나가 빌고
백성들은 빌 일이 없어도 빌고 빌었다.

비는 데는 거짓이 없다.
그만큼 이 땅의 백성들은 정직했다.

듣지 않을 소리를 들으면
흐르는 물에 더럽다고 귀를 씻어
곁에 머물지 못하게 하고

슬하에 자식이 없으면
큰 바위 밑에 촛불을 켜놓고
아들딸을 점지해 달라고 두 손을 모았다.

사람의 탑돌이 하듯이 간절한 마음으로 빌고

솔직히 있는 대로 털어놓는 것이
이실직고다

그러나 이 빌고 싶어도
(빌면 마음은 좀 가벼워지겠지만)
고백할 수 없는 것이 있다. 죄다.

낮말은 새가 듣고 밤 말을 쥐가 듣는
숨기거나 감추어서는 될 일이 아닌
세간이 떠들썩한 일들을
너무 많이 보아왔다.

임금님의 귀는 당나귀 귀라고
이실직고 안 한다고 바람결에라도
그 '당나귀 귀'가 안 드러날까.

이심전심以心傳心

집을 나서자 보름달이 길동무 한다.
한사코 왜 따라 오느냐고 해도 묵묵부답이다.
가다 보면 이심전심으로 정이 붙는다.
겉보기로는 늘 환한 얼굴이어서
속 편한 팔자려니 했는데
왕따 당한 외톨이로 사는 신세다.
아니다. 그 왕따의 따돌림이
드라마 '더 글로리'의 여주인공 송혜교처럼
초승달 복수의 칼날을 하늘에 건다.
얼마나 외로워 이를 갈면 날이 서겠느냐.
캄캄 밤중에 동떨어져 혼자만 밝아
외로움이 깊고 고요히 흐르면
사랑하는 말 잔등을 쓰다듬어 주듯
달아, 나는 너를 위로하고 싶구나.
네가 눈썹을 찡그리면 나도 같이 시늉하는
우리는 서로가 이심전심으로 통하는
외로움도 재산이라는
콩 반쪽의 죽마고우가 아니냐.

인지상정 人之常情

괜히 멀쩡하던 내가 비 따라 눈물범벅이 될 때가 있다.
내가 흐느끼며 젖으니까 우연이겠지만
비도 무슨 영문인 줄 모르고 따라 울 때가 있다.
내가 우는 건지 비가 자연이 되어 같이 우는 건지.
이것이 내가 순하면 인지상정으로
자연도 자연이 그리되는 내가 느끼는 자연이다.

일념통천―念通天

천정부지로 뜨던 아파트값 하락에
지금이야말로 이사할 적기라는 뜻이
두루미 떼들이 집단 탈출하듯이
따뜻한 남쪽나라로 가고 있다.
일직선으로 목을 한껏 빼고
전후좌우도 보지 않고
일념통천으로 하늘을 날고 있다.
신념이 없으면 온몸을 기울여
저리 움직일 수가 없다.
서방 세계를 돌며 해빙의 시 낭송을 하던
예브투셴코의 목소리로
하늘길을 헤치며 날아가는 두루미.
처자식 다 이끌고
압록강 물소리도 잠재울 듯이
국경을 넘는 발자국들……
굶주림을 면할 수만 있다면
무엇인들 못 하겠는가.
조국과 고향땅을 등진 탈북이
반동분자라는 낙인이라면 그 소리도
기꺼이 긴긴 목에 휘휘 감고 가겠다.

암 병동의 갇힌 땅에 드리운
쇠사슬을 한시바삐 끊어내고 싶다.
백학은 정처 없이 그냥 날지 않는다.
탈북민도 백학과 같다.
어디에 머물지를 알고 떠난다.
그 땅에 가서 날 듯이 원願껏 살고 싶어서다.

일모도원 日暮途遠

날은 저물고 갈 길은 멀어
어릴 때 듣던 옛날이야기에
자주 나오는 말머리다.
내 행색은 길을 잃고
인가人家를 찾아 행장行裝을 서두르는
주인공 같은 삶이었다.
그런데 늙어 지나온 길은 뒤돌아보니
사는 길이 사람마다 달라
갈가리 쪼개지고 얽어져
내 길이라 할 수 없고
옛날은 그저 추억 속에 있더라.
아니 길을 그대로인데
사람만 늙어 어디로 가야할지
한 발짝을 떼기도 망설여진다.
숫제 길이 있다면 저승길뿐이다.
해는 저물고 갈 길이 막막하더라도
어차피 늙은 몸
이제는 그리 보채지 않으리.
이 땅의 햇빛과 공기와 산천경개는
얼마나 눈부신가.

마지막이라면 한뎃잠을 자더라도
좀 천천히 더디게 넉넉한 마음으로
봐야하리. 그
또한 한 생이 아닌가.

일필휘지 一筆揮之

삼청동의 한 음식점에 걸린 액자에서
우연히 무심히
만해 한용운의 졸필 명필을 구경했다.

유수팔생流水八生,
불교에 심취한 신자가 아니어서
유수인생流水人生을 그렇게 쓴 거로 알았다.

사람 늘어진 팔자가 여덟팔인지
팔자타령의 여덟팔자가 사람인인지
사람인자인지 숫자 팔자인지 엇갈렸다.

유수팔생이나 유수인생인 거와 무관하게
그 필체가 머리에서 떠나지 않아 벽 걸개로
서재에 와 일필휘지로 수류팔생이라 써 걸었다.

거개의 내가 본 일필휘지한 휘호는
붓을 들어 말 그대로 단숨에 끝내지 못한
가짜 일필휘지가 많은데

내가 흉내 내 쓴 만해의 글씨는
일필휘지임에 틀림없다. 단숨도 숨이지만
수류팔생의 끝 한자 날生자만 봐도 알 수 있다.

유수나 수류나 다 그게 그거지만
나름으로는 추사가 쓴 수류화개 水流花開를
염두에 두고 수류팔생으로 쓰고

내 실력과 마음으로는 수류인생으로 보고
겉으로는 보이는 대로 수유팔생으로 읽는다.
겉과 속이 다름이 이러하다.

내 일필휘지는 여기까지다.
젊어서 기분대로 쓰던 시도 힘이 없어
더 진척되지 않는다.

늙은 노인네가 쓰는 시에 망령기가 나
혹여 한 자 한 구라도 잘못될까 봐
늘 망설여져 젊은 날의 이태백처럼

호언장담하던
비류직하삼천척飛流直下三千尺의
시 쓸 맛이 요즈음 입맛처럼 떨어졌다.

입춘대길 立春大吉

가난한 사람들은
봄이 오는지, 와서는 꽃은 피어
가슴에 쌓인 시름도 걷어가는지도
모르고 산다.
보릿고개가 오는 봄철이면
부황이든 사람도 초근목피로 끼니를
연명하는 사람도 많았다.

봄은 동네 제일로 잘 사는 기와집의
대문이나 문설주에만 오는지
거기만 입춘방이 붙어 있었다.

꽃도 웃을 기운도 없는
가난한 집에 피어서는
반가워하지 않는 것을 아는 모양이다

입춘대길立春大吉 건양다경建陽多慶
국태민안國泰民安 가급인족家給人足
우풍순조雨風順調 시화년풍時和年豊
거개가 짝을 맞추어 붙이거나

석 자, 두 자, 외자도 보였다.

내가 좋아하는 입춘방은 향기馦其.
사람들의 입맛을 살리는 봄 나물국.
봄철이면 달래며 냉이 쑥국 등을 먹었다.

내가 한 1년 머물던 대만에서는
입춘대길 글자에서 봄 춘春 자를
거꾸로 써 붙여
벌써 봄 복을 받은 듯이 뽐내지만
이 봄이 다 가기 전에 입춘방을 붙일
작은 집 한 채라도 장만했으면 싶다.

3부

자아도취 自我陶醉

고요히 차오르는 샘물같이
마음 항아리가 충만하기를
뿌리로부터 기다릴 줄 아는
나무 같은 사람이고 싶었다.
꽃이 피고 지며 바람에 불리어
어디론가 하염없이 사라지는
서운한 슬픔도
호올로 기도하는 자가 되고팠다.
베드로가 혼자 바닷길을 가다
갑자기 두 손 모으고 기도하듯이
항상 약한 자의 마음으로
우크라이나의 백학 같은 전사자를
애도하는 마음이기를 원했다.
혼자만이 들어가 두 손 모아 기도하는
교회나 성당 같은 독실을
마음속에 가진 시인이었으면 했다.
혼자서 북 치고 장구 치며
달빛에 홀리듯 시마詩魔에 들어
잘 노시는 자는 누구이신가.
시인은 일생 불행마저도 자아도취하며
자기 함몰에 빠져 사는 작자다.

장무상망長毋相忘*

1.
밖을 내다보아도 하늘같은 바다뿐이고
하늘을 우러러도 망망대해 하늘바다다.
누가 짓고 정주며 살다간 집인지
임자 없는 초가빈집에는
바람만이 주인인양 무시로 드나들고
임자가 없으니 귀신이 주인인양
해종일 사람그림자도 비치지 않는다.
하도 적적하여 심어놓은 소나무는
어느덧 솔잎이 푸르러 잎 끝마다 바늘이 되어
아픈 마음을 더욱 찌르며
세월이 오가는 것은 알아도 모르는 양
제멋대로 가지마다 춤이다.
외로워서 외로워서 비명이 절로 터져도
그마저도 죄이러니 받으며 산다.
위리안치圍籬安置가 지번地番이 되는 줄 처음 알았다.
지인으로부터 서책을 받으니 이리 반가울 수가
세간살이 하나 없는 집 그대로를 그리고
장무상망이라는 낙관을 쳐 고마움을 보냈다.
낙관을 찍으니 가난한 내 처지도
그런대로 운치가 있는 듯해 허허 웃어본다.

2.
주마간산의 사자성어 시집을
세간에 선보이려 하는데
추사의 작품 '세한도'의 찍힌 낙관의 글귀
장무상망을 친지가 보내왔다.
추사의 세한도를 그렇게 보아왔으면서도
나는 무엇을 보고 감탄해 왔던가.
내가 배우고 익힌 것에 대한 부끄러움이여

오랜 세월이 지나도 서로 잊지를 말자.

얼마나 고맙고 외로워 이 한마디를 흘렸을까.
낙관의 인주가 붉은 피 같았으리.
제주도의 세찬 풍랑, 바람 한 줄기가
세한도의 늙은 소나무 같은 내 가슴을 그싯는다.
거두절미하고 장무상망의 사자성어를
내 시집 주마간산에 간산하듯 다시 새긴다.

*장무상망은 추사의 세한도에 찍힌 '우리 서로 오래도록 잊지 말자'는 낙관임.

적막강산寂寞江山

1.
눈에는 발이 없다.
그래서 오는 소리도
가는 소리도 들리지 않는다.
눈이 오는 산길을
혼자 가는 사람은
바람도 숨 쉬지 않는
적막에 취해 자기도 모르게
스르르 잠들었다가
동사자凍死者가 된다.
어머니의 자장가를 듣는
꿈을 꾸며 눈 이불을 덮고 잠든
포근한 죽음이다.
눈도 고요하고
산도 강도 적막해졌다.

2.
더는 세상 살기 싫은
사내처럼 눈이 내린다.
산 자만 끊임없이 떠든다.

죽고 싶은 사람들은
고요 잠잠할 뿐이다.
감기에 걸린 듯
눈가루 같은 약을
목구멍 속으로 털어 넣는다.
세상은 아비규환인데
죽어가는 자에게는
더 할 수 없는
적막이 날개를 펴고 깃든다.

좌불안석 坐不安席

눈은 안전장치가 장착된 파라슈트가 아니다. 파라슈트도 비끗하면 사고가 난다. 하늘이라는 아스라이 높은 자리에서 하강하는 모든 물체는 불안하다. 눈은 실오리 하나 걸치지 않은 맨몸으로 쫓겨난 아이처럼 어디로 가야 할지 갈팡질팡한다. 안절부절 허둥대는 몸짓은 미리 정해진 자리가 없어서다. 우리네 삶과 별반 다르지 않다. 다 같은 눈이면서도 앉는 자리에 따라서 어떤 눈은 속세를 피해서 산림처사처럼 싯줄이나 읊으며 살다 마감할 것이고, 딴 눈은 바람을 잘못 만나 그저 가랑잎처럼 휘불리며 피난살이 신세로 시달리다 끝난다. 또 휘몰아치는 눈 잎은 수세미처럼 전락하여 시궁창 같은 데 떨어져 죽도록 질척대다 종치며, 아주 불행한 눈은 강이나 바다에 곤두박질하여 일생을 그냥 "잘 있거라 나는 간다." 이별가나 아니면 만세 삼창으로 산화散花 하는 일도 있다. 눈도 시류를 잘 만나고 타야 한다. 눈이 오는 걸 가만히 보면 그들도 어떻게 될지 자세히 모르니 나름의 좌불안석이다. 내려앉기 전까지는 끝없이 제발, 제발 기도하면서 이리저리 흔들리며 온다. 눈의 속내도 짐작치 못하고 너무 순결하고 희어서 싯줄이 저절로 나온다고 박수칠 일만은 아니다.

좌정관천 坐井觀天

한 번 귀신 잡는 해병은 영원한 해병이오.
50년대는 우물 안의
개구리처럼 살았다 해도 할 말이 없소.
하지만 영원한 개구리는 아니었소.
해병 같은 개구리요.

제1의 아해가 텔레비전을 들고
세계를 질주하오, 보따리 장사 같소.
제2의 아해는 냉장고가 으뜸이라고
장돌뱅이처럼 대로변에서 노래를 부르오.
제3의 아해는 컴퓨터 휴대폰 하면
삼성이라고 뛰고 있소.
제4의 아해는 자동차는 현대,
골목길까지 샅샅이 누비오.
제5의 아해는 전기차 배터리를 들고
2단 뛰기도 셈이 안 차는지 3단 뛰기를 하오,
LG뿐만 아니라 선경, 삼성도 가담했소.
제5의 아해는 K-무기를 파느라
사방팔방으로 하늘을 나오. 한화요
거기다 LNG 선은 수주가 넘치고

우리 기술로 인공위성도 쏘아 올렸소.
박수를 쳐주시오. 그뿐인가요. 아니오.
K-드라마. K-팝, K-푸드 없는 게 없소.
아프리카에는 새마을 운동이 들어가 있소.
자립과 농업기술을 가르쳐주는 코이카도 있소.
아프리카를 가로지르는 K-벨트를 만든다 하오.
뛰고 나는 것도 모자라
IT 분야도 세계에서 제일 빠르오.

이제 더는 좌정관천하는
50년대의 개구리가 아니오.
공항도 세계의 관문으로 으뜸이고
심지어 화장실도
세계에서 가장 깨끗한 나라요.

굳이 개구리로 비유하자면
연잎 위의 청개구리요.
연잎 같이 넓은 세계에
앉은 청개구리요.
천상천하 유아독존唯我獨尊이오,

천지개벽天地開闢이오.
하나님도 꿈에라도 상상 못했을 거요.
청개구리가 울면
비가 온다고 하지 않소.
청개구리의 비를 맞은 세계가
와글와글 시끄럽소.
그 소리가 어딜가나 AI로 와글대요.

주마간산 走馬看山

1.
주마간산은 세월 속의
행운유수行雲流水처럼 흐르는
파노라마다.

어사화御賜花를 꽂지는 않았지만
말 타고 달리며 산천경개를
대충이라도 보고 싶지 않았겠느냐.

흐르면서 지나치면서
그냥 무심한 듯 본 산이
무위자연으로 있어 부끄러움이 없고

나그네 행색이라도 눈썰미가 있어
산자락을 그냥 지나친 것이 아니라
부모님 모실 못자리로 안성맞춤으로
점찍어 염두에 두었나니.

그냥 바쁘게 무심히 본 것인데
무욕이 되어 삭여서는

마침내는 티를 거른 욕심이 되었다.

저 산을 사서 부모님 묘로 쓰려면
아무래도 수중에 푼돈이라도 챙겨야겠기에
주마가편走馬加鞭하며 하루를 내닫는다.

2.
고향에는 어머니만 계신 게 아니라
오래도록 떨어져 살은 내 짝도 있다.
그런 정을 과거에 묻고 떠돌았다.

날품팔이 같은 인생이었다.

짐승도 죽을 때면
머리를 태어난 쪽으로 눕힌다지만
살면서 죽은 뒤의 일까지는
심중에 터럭 끝만큼 없었다.

매사가 주마간산이었다.
그런데 늙어 죽음이 인근에 오니까

무심히 산을 넘고
개울을 건너며 손 하나를 씻어도
고향을 닮은 산세와 흙냄새만으로도
내 남루가 하염없이 젖는다.

왜 그동안 그리운 것들에게
알뜰살뜰 정 주며 살지 못했을까.
남보다 나은 것 없으니
흘리듯 흐르듯 그러했겠지.

그래 가자. 비록 떠돌이로 연명해 왔지만
더부룩한 턱수염이나 밀고 가자.
고향에는 오랜 탑돌이로 나를 가졌다는
무릎이 닳도록 빌고 빌었다는
탑 속의 어머니가 있다.

그런데, 그런데 텅텅 빈 하늘만
가슴을 울릴까.
공수래공수거空手來空手去의 하늘만 푸를까.
주마간산의 말갈기에 바람만 이누나.

3.
실로 달리는 말에 채찍질하듯
주마간산 격으로 세월아
좀 빨리 지나가라 가라며 살아왔다.

그 세월 속에 일찍 어른 티를 내며
담배 물고 거드름 피우고 싶은
내 유소년의 간절한 일상도 있었다.

간산이라 하지만 주마여서
새잎 돋고 꽃이 웃어도
매사가 대충 대충 그럭저럭
젊은 날을 소비하고 말았다.

세월은 늘 가던 보폭대로 지나더라.
그 행보를 훤히 꿰면서도
그때는 갈지자로 헤맸는지 몰라.
사람의 일이란 늘 아쉬움으로 남는다.

주마에 만난 여자에게도

사랑은 있더라.
하지만 그것도 먼 산 보듯이 살았다.

그러는 사이에 잎 피고 열매 맺듯이
고향에 뿌린 자식들도 영글어
필마를 타겠다고 다 흩어지고 말았다.
애비의 행적을 잇는 거 같지만 어찌하랴.

주마간산이 갈 곳은 어디인가
봄눈 녹듯 팔십 노인 눈앞에
이제는 살아있는 죽음만이 찌꺼기로 남아
내일 모래 시간을 재고 있다.

지피지기 知彼知己

서로 싸우다 어느 한쪽이 졌다고
두 손을 드는 데도 결단이 필요하다.
전쟁의 승패는 늘 승자 편이다.
패자敗者는 유구무언이다.
전쟁에는 사생결단만 있을 뿐
만사형통은 없다.
전세계에 1주일이면 끝난다고
호언장담하던 우크라이나 전쟁도 해를 넘겼다.
포성이 끊기면 고향에 가
드넓은 들에 씨를 뿌리고 밀이 자라면
이웃과 햇 빵을 나누는 행복한 꿈도 물 건너갔다.
우리의 6.25도 마찬가지였다.
내 열 살 무렵 아버지의 손에 이끌려
강을 건너고 산을 넘던
그 산과 강이 다 죽음이었는데도
열흘이면 집에 간다고 장담하던
점쟁이 백성들에게도
어언 70년이 흐른 세월이다.
지피지기가 가훈, 잠언이면 무슨 소용이 있으랴.
싸움에는 희망사항이 허다반하고

뜻대로 성사가 안 된다.
그보다는 이제나 저제나 자라서
대추알 달리기를 학수고대하던
대추나무는 잘 있는지 더 궁금하다.
북의 고향에는 슬프도록
대추나무가 더디고 늦게 자랐다.

차재두량 車載斗量

스스로를 낮추어 나 같은 사람은
'말로 쓸어 담을 만큼 흔하다'고 하면
듣는 사람이 곧이곧대로 새겨 알고
그렇다 흔쾌히 받았을 리가 만무하다.
또 스스로를 젠체하고 나 같은 위인을 찾기가
가뭄에 콩 나듯이 귀하디귀하다고 으스대면
이실직고以實直告라고 귀가 솔깃했을까.
아니면 나 같은 사람은
일생 초야에 묻힌 한림처사라 자칭하면
별 욕심이 없는 인재라고 허술히 봤을까.
그렇다고 이태백의 시 '산중문답'에 나오듯이
그냥 웃으며 아무런 답이 없다고
그 속뜻을 못 알아차릴까.
사람의 재주나 능력이 갖가지이듯이
쓰고자 하는 사람의 마음도
열 길 물속은 알아도
한 길 사람 속은 알 길이 없다.
우리들 마음이란 '차재두량'으로
그리 쉽게 가늠할 수 없다.
천하에 용하다는 점쟁이를 다 모아

귀 기울여 수를 읽고 밝히려 해도
천지사방이 대략 난감, 오리무중五里霧中이리라.

천편일률 千篇一律

무엇인들 새롭다 하여 배우며 썼는데
쓰다 보니 낯이 익고 편해지고 진부해지고
천편일률이 된다.
늙으니 내 마누라나 남의 여자나
한 발짝이다 두 발짝이다 크게 따질 것 없는
미추美醜가 다 그게 그거다.
늙으니 세월도 그렇게 편하게 간다.

천학비재 淺學菲才

　천학비재라는 말처럼 나는 천시비재淺詩菲才로 일생 시를 써왔다. 시는 배운 것만으로 경작하는 것이 아니라고 더러 얘기하지만 옛 선인들의 문집을 넘기면 배운 양반 계층이 시를 많이 지었더라. 처음 내 시는 밤송이처럼 가시투성이였다. 가시를 가진 것은 빈속을 누가 알까봐 들통이 나는 게 싫어서였다. 비밀한 일에는 가시 같은 자기만의 잠금장치가 늘 필요하더라. 또 가시를 가진다는 것은 내 귀중품에 함부로 근접하지 말라는 이중성도 있더라. 하나님도 가시 돋친 시를 쓰는 시인이 궁금하여 햇빛을 내려 밝히려 해도 막무가내였다. 시는 햇빛으로 옷을 벗기는 행위와는 다른 것이었다. 혼자의 고집으로 익고 자라 밤송이도 마침내 벌어 반질반질 윤나는 알 톨로 익고 마침내는 나도 생밤이든 군밤이든 삶은 밤이든 맛있는 밤을 먹을 수 있겠구나 개봉박두가 당도하여 열으니 경천동지 놀라라. 그 속에는 밤벌레만 만 가득히 들어 오물거리고 있었다. 세월을 기다리며 일생 밤톨같이 알찬 시가 익기를 고대하여 왔으면서도 막상 까보니 명시名詩는커녕 겉만 번질거리고 속은 부질없이 벌레가 슨 시가 되어 있었다. 간혹 스스로를 겸손하게 낮추어 천학비재라는 말을 쓰기도 하지만 내가 일컫는 천시비재는 까봤자 벌레 속만 보이는 그야말로 맹탕 그대로다.

쾌도난마 快刀亂麻

나 같은 사람에게는
하나님께서는 미리 다 알고
손에 칼을 잡히지 않았을 것이다.
칼을 쥐면 성질에 못 이겨서
'이걸 그냥!' 했을 테니깐……
약육강식의 사회에서
자기 목소리를 내기란 참으로 어렵다.
누구보다 아무개와
더 가깝다는 말도 뱉기가 힘들다.
또 친하다면 그것을 기화로
사람을 불러놓고 길들이려는지
본체만체 혼자서 밥 먹게 만든다.
혼밥 하는 우두머리 밑에 사는
졸개들의 기분은 60년대
청계천 다리 밑의 거지꼴이다.
목에 칼이 들어와도 할 말을 하는
싯누런 가래를 뱉는 인물은
학수고대해도 왜 안 나오나.
쾌도난마로 번뜩이는 칼날은 어디 없나.
누군가 칼을 들어 무라도 잘랐으면 한다.

산적한 국내문제는 일 년이 가도록
시비조차 가리지 못하고 있다.
옛날이지만 유신독재 소리를 들어도
빗자루로 깨끗이 청소하고 속이 시원해지는
세상 한 번 살다 죽었으면 원이 없겠다.
단칼 승부의 진정한 칼의 번뜩임을 보고 싶다.
매년 무슨 교수회의에선가 내놓는
새해의 사자성어도 어정쩡하지 말고
'쾌도난마'나 '일도양단' 둘 중 하나였으면 한다.

태연자약 泰然自若

"요즈음 잘 지내시지요"
"골골합니다"라며 친구와 헤어졌다.
수인사가 다 엄살이다.

내 음색은 새싹 돋듯 파릇파릇했다.
산골짜기마다 봄눈 녹아내리며
골골 졸졸 흐르는 물소리가 났다.
나도 세월도 별일 없이 힘찼다.

태연자약에는 뻔뻔함이 필수다.
생리현상으로 어쩔 수 없이
나보다 손 위의 어른이 있거나 말거나
소리도 우렁차게 방귀를 발사한 적이 있다.

예의도 없이 먼산바라기 하듯이
얼굴 하나 붉히지 않고 견디기란 힘들다.
그래도 태산이 무너져도 끄떡없다.

내 알 바 없노라 하는
시치미 뚝 떼는 무심이

간혹 칠색 팔색 경기驚氣를 일으킨다.

방귀 하나 가지고 뭘 그러느냐 하면
접시 물에 넘어져도 죽는단다.
장난이라도 도를 넘으면 태연자약이 아니다.
감방에 보내야 할 심한 무례도 있다.

통정사통 痛定思痛

버릴 수 없는 상처여서
언제까지나 아픔을 잊지 않고
산다는 것은 괴로운 일이다.

청천벽력으로 아내가 죽었다.
가슴이 갈가리 찢기는
어쩔 줄 모르는 불면이다.

그래서 더 슬프고
그래서 더욱 그립고
그래서 더 더욱 괴롭다.

간절히 파도가 뒤집히듯
죽을 것 같은 세상이 바뀌어
파도가 때리는 아픔도 잊고 싶다.

잊고 싶다는 말에
왜 이리 기억하고 있는 일들이 많이
조개 따개비처럼 붙어 있을까.

습관처럼 내뱉는
죽지 못해 산다는 말도
삶에 더 미련이 있다.

살다보면 괴로운 일들도
조금씩, 조금씩 가벼워지리라.
고통의 무게도 줄어지리라.

통정사통이다.
사는 것보다 더 명약 처방은 없다.

피차일반

일생 별 탈 없이 잘 살던 부부가
어쩌다 딱 한 번 다른 여자와 살 섞어서
더럽고 만정이 다 떨어진다고
사내를 내쫓았다. 그리고
이혼한 여자는 돌아서서
금시 스스로 만정이 다 떨어진 여자가 되어
다른 유부남과 눈이 맞아 정분이 난다고
해해거리며 산다. 내로남불.
엎어치나 메어치나
년이나 놈이나 다 피차일반이다.

여적餘滴
내 시니까 쓰는 산문

산문시 시집 『소이부답』을 내고 내년에 낼 사자성어 시집 『주마간산』을 펴낼 때까지는 시간적 여유가 넉넉하다고 여유를 부리고 있었다. 한데 갑자기 시단에서 호형호제하던 친구가 다른 세상으로 가고 말았다. 아하, 이러다 이번 시집도 못 내고 죽겠구나 하는 절박함이 밀려 들었다. 시간이 없다. 정말 시간이 없는 것인가. 한세상 살은 목숨. 오라면 오고 가라면 낙엽처럼 떨어져 갈 뿐이다. 그런 마음 준비는 이미 오래전부터 되어 있었지만 초조하다. 이번 시집은 그런 심정으로 엮었다.

모처럼 전화로 한 약속. 가까운 친구와 만나 점심이나 하며 바둑을 두려 했는데 갑자기 취소했다. 그 사이에 내가 들은 이야기들을 안 옮길 수는 없고 입을 떼다 보면 자칫하면 그 얘기가 이 입에서 저 입으로 한 사람 건너 두 사람으로 퍼지기 때문이다. 다 늙어 許由는 아니지만 그런 일에 내 말년을 휘말리고 싶지 않아서다. 이 바람이 지나면 만나 저간의 섭섭함을 풀기로 하고 낼 시집의 원고나 봐야겠다. 이제까지 써온 시들을 환골탈퇴 시키려는지 교정을 3교나 봤다. 특히 사자성어로 만든 시집이라 잘못된 것이 있는지 나름으로 신경이 쓰였다. 매사 늙은이 핑계를 대는 거 같지만 나이는 어쩔 수 없다. 돌아서면 뭐하려 했는지 깜박등이 켜진다. 그래도 읽으시는 분들에게 욕이나 안 먹으려고 애쓰다 보니 사자성어로 시를 썼는데 부지불식간에 자연스럽게 사자성어로 된 단어들이 들어가 있어 사자성어

시 속의 사자성어라는 기분이 들어 괜찮았다.

　이 시집 앞서 펴낸 시집『소이부답』의 원고를 넘길 때 분명히 '강우식 산문시 시집'이라고 되어 있었으나 편집상의 이유인지 '산문시'라는 말은 삭제하고 그냥 '강우식시집'으로 나왔다. 편집자도 시집을 보면 무슨 시가 수록된 것인지 굳이 밝히지 않아도 다 아니까 라는 생각을 십분 하였으리라. 나도 산문시든 어떤 형식의 시든 큰 상관이 없다는 생각이 들어 그냥 모른 체 넘어 갔다. 늙은이가 되어 잔소리를 늘어놓기 싫은 탓이다. 귀찮고 게으른 탓이다. 그런데 시집이 나오고 나니 표지에 '산문시'라고 달 걸 하는 후회가 일었다. 왜냐하면 내 시의 형식적인 면에서 어떻게 변해 왔는지 하나의 작은 단서가 되어서다. 나에게는 산문시 시집으로서는『소이부답』이 처음이자 마지막이다. 시집을 더 가지고 싶어도 그런 기회는 주어지지 않으리라. 또 앞으로 펴낼 내 시집의 예정표에는 이 시집 하나에만 매달려 있을 뿐이다. 이 연작시 시집은 사자성어라는 형식적인 면에서 신경을 쓴 시집이다. 여기서도 굳이 연작시 시집임을 밝히지 않았다. 연작시보다는 사자성어에 더 무게 중심이 기울어져 있어서다. 나에게는 연작시 시집을 말하려면 몇 십 년 전에 나온『고려의 눈보라』가 있다. 하지만 이『고려의 눈보라』의 그 어디에도 연작시 시집이라는 말이 기재되어 있지 아니하다. 많은 사람들이 그냥 강우식이 첫 시집『사행시초』이후에 간행된 두 번 째 시집 정도로만 기억하고 있다.『고려의 눈보라』연작시 시집도 등단하여 한 10여년을 4행시만 집중해 온 반작용으로 틈날 때마다 쓴 연작시였는데도 그 작품의 제작의도를 밝히지 않은 것은 지금도 후회가 된다. 나로서는 4행시만 쓰는 시인이 아니라 연작시나 장시도 쓸 수 있다는 말을 어디든 남겼어야 하지 않았을까. 그래야만 그 이후의 내가 써온 장시들에 대한 과정도 부드럽게 이해가 되었으리라. 이런 전후 관계를 보아 산문시, 연작시라는 용어를 삽입하는 것이 좋았으리라 여긴다. 특히 이번 시집 『주마간산』은 형식을 중요시한 작품들로 이루어져 있음을 강조하고 싶다. 연작시의 형식이되 사자성어의 형식이기 때문이다. 형식이 두 개가 겹친 것이다. 나로서는 이와 같은 형식은 처음 시도해 보는 시집이다. 이런 형식은 남들이 시도를 안 했던 나만의 창발성이요 자신이 가진 독특한 목소리를 내고자 하는 시적 태도다.

최근 나는 내 자신에 대한 글 이외에는 긴 글이건 짧은 산문이건 일체 사양해 왔다. 남은 일생 시에 전념하기 위해서가 아니다. 그저 단순히 쓰기 싫어서다. 내가 공부하는 학생일 때 스승이었던 김구용 시인은 구용체라 일컬을 만큼 서예에 일가견이 있던 분이었다. 만년에 몇 자 써주시기를 부탁드리면 힘이 부쳐서 붓을 잡을 수가 없다는 말씀을 자주 하셨다. 나도 그와 같다. 힘이 없다. 작년에 낸 시집 『소이부답』의 여적도 별로 할 얘기도 없어 산문을 안 달까 했었다. 그러다 기존의 시집 끝머리에 여적이라고 몇 마디 적셨으니 산문을 쓰다가 안 되면 미련 없이 접으리라 하고 마음으로 끄적거려보니 참 신기하게도 얘기가 되더라. 다른 사람의 청탁이면 거절했을 텐데 내가 나를 거절하지 못하는 게 인간인가보다. 아니 나인가보다. 나는 스스로 내 산문시를 통속적이라 일컫고 잡다한 내 일상사를 고백하고 엮는 데 편하다고 했다. 실제로 일생 시를 써오면서 시집 속에 산문시가 한두 편씩 들어 있겠지만 산문시를 극히 자제해 왔다. 아마 나도 모르게 산문시라는 것을 일상사를 주저리, 주저리 늘어놓아도 별로 부끄럽지 않은 늙은이가 되어 만들어보자는 나름의 속궁리가 있이 살아오지 않았나 싶다. 그런 의미에서 산문시 시집이 만들어졌고 여타의 다른 시집을 낼 때보다 속은 편했다.

좀 우스운 이야기를 하자면 문청시절부터 등단을 하고 시인이 되고 나서도 시인이더라도 멋쟁이 시인이었으면 했다. 바이런처럼 낭만에 젖어 살고 싶어서였다. 가난하더라도 굳이 가난한 티를 내지 않고 구질구질 하고 싶지가 않았다. 이런 것들은 내 쥐뿔도 없으면서 있는 체하고 도박이며 주색에 빠져 살아온 내 과장된 허세와 별로 무관하지 아니하다. 일생 내 곁을 지켜주던 아내도 그렇게 얻어 살았지 않나 싶다. 내 처지나 가진 환경을 보면 모든 면에서 격차가 너무 나지만 나는 온갖 반대에도 불구하고 같이 살았다. 허세의 힘이다. 그렇게 살아보니 좋은 것도 있더라. 우선 혼자가 아니라 가족이 생기니 어떡하던 잘 살아보려고 노력한 것이 그것이더라. 그런데 돈을 벌 재주가 없어 장사는 못하고 시를 만드는 일만 조금 터득했으니 어떡하나 일생 살기가 막막한 가난한 시인 팔자였다. 내가 못난 만큼 가난한 만큼 극복해보려고 남보다 더 노력하여 왔다고 믿는다. 좋게 핑계를 댄다면 젊은 날에 가졌던 허세조차도 기죽지 않으려는 성격의

단면이라 여긴다. 허세도 세월과 더불어 성장하더라. 물리가 트이더라. 늙어가면서 어쩌다 문인들의 모임에 나가면 주변에서 옷을 잘 입고 다닌다는 말을 가끔 듣는다. 베스트드레서는 어림 반 푼도 없지만 들어 별로 나쁘지 않다. 늙어 냄새나는 시인이 되기보다 낫지 않은가. 이것은 옷보다는 같이 걸치는 모자나 머플러 등속에 가급적이면 신경을 쓴 덕분이 아닌가 여긴다. 나에게는 흔히 명품이라고 일컫는 모자나 머플러가 제법 있는데 이 또한 늙어가면서 추레하게 보이지 말자는 나름의 멋이다.

내 처지에 맞는 시를 써보자고 하면서도 시라는 게 늘 과장되어서 나타나 나답지 않았다. 그러다 정말 우연히 마주친 것이 사자성어다. 사자성어야말로 일생 내가 듣고 배워온 삶의 지표 같은 것이라는 생각이 들어 한 번 시로 만들어보면 나다운 시는 아니더라도 크게 어긋나지 않은 시가 되리라는 창작욕이 일었다. 대다수 한자로 된 사자성어는 내 어릴 때부터 그리 낯설지 않은 것이었다. 요즈음은 한글전용의 시대로 바뀌었지만 60년대만 해도 국한문 혼용시대였다. 동네에는 서당에 다니는 아이들도 많았다. 지나다 보면 하늘 천 따지 소리가 늘 들렸다. 중학교에 들어서는 한문 시간이 생겨 한자도 익혔다. 또 공교롭게도 유림계통의 대학에 간 나에게는 1학년 과정에 반드시 이수해야 될 과목으로 한문강독이 있었다. 이 과목의 학점을 반드시 따야 졸업을 할 수 있었다. 또 동양철학과라는 과가 있어서 한문 경전을 위주로 가르치기도 했다. 나는 동양철학과의 과목 중 『詩經』을 한 학기 실지로 수강하기도 한 기억이 생생하다. 또 시인이 되어서도 국한문 혼용의 시대여서 시에도 일상으로 한자를 섞어 시를 쓰기도 하였었다. 그러면서도 식민지 사학에서 벗어난 국학이나 한글 전용의 열망이 강했던 시기였다. 일컬어 시단에는 한때 60년대에 등단한 시인을 50년대 시인과 구분하여 한글세대 시인들이라는 말을 자주 쓰기도 하였다. 그런 면에서 한자는 우리들 생활에서 낯 설거나 먼 것이 아니었다. 오늘날 MZ세대가 영어보다 한자를 더 어렵게 생각하고 자기 이름도 한문으로 못 쓰는 경우가 있는 것과 같다고 할까. 하지만 그 많고 많은 사자성어를 다 시로 만들 자신도 없고 알지도 못한다. 이것도 크게 욕심낼 것도 없이 내 능력에 맞는 만큼만 시로 만들자고 마음을 비우고 시작했다. 사자성어의 가진 뜻을 알면서도 나에게 와서 시로 안 된 시, 햇빛을 못 본 사자성어들도 많다. 또 사자성어는 우리의 일상에서 보다 많이 사용하였던 것에 가깝다. 굳이 사자성어에 말을 붙이자면 내 첫 시집이 '사행시초'인데 이번 시집은 형식으로서 행이 아니라 四字라는 글자 자수라는 점이고 또 사행시는 四行으로 시를 만든다는 의도를 가진 반면 成語는 말만 되었지 무엇이 될는지 모르는 것을 가지고 시를 만들었다는 의미를 띤다. 반면 고사성어는 역사에 대한 일들에서 생긴 것들이 대다수다. 같은 사자성어인데 둘은 비중이나 의미가 다르다. 그렇지만 나는 사자성어다, 고사성어로 가리지 않고 크게 보아 사자성어로 보았음을 밝혀둔다. 그런 의미에서 사자성어 시집이라 하였다. 사자성어로 특히 사자성어에는 요즘 한자가 아닌 우리말로 된 신조어도 있다. '내로남불'이나 '이부망

천' 같은 사자성어는 정치권에서 나온 말이기도 하고 '마지노선'은 우리말과 외래어가 섞여서 나왔다. '낙장불입'은 화투판에서 파생된 언어, '신토불이'는 농사와 관계되어 생긴 것이다. 이렇게 사자성어라는 것은 그 시대의 상황에 따라 끊임없이 재생된 면이 있다. 하지만 나로서는 주로 내가 살아오면서 익힌 한자로 된 사자성어들로 시를 만들었다. 그것이 나에게 편하기 때문이다.

    책의 이름은 '강우식 사자성어 시집 주마간산'으로 했다. 별다른 의미가 없다. 내 성격이 주마간산 같아서다. 한 가지 일에 꼼꼼히 매달리기보다 매사 대충 대충 훑고 살아왔다. 단체 해외여행을 하다보면 수첩을 꺼내들고 열심히 기록하며 다니는 학구파 여행객을 만나게 된다. 나로서는 감탄, 감탄 아니 할 수가 없다. 그 자세나 태도가 부럽다. 그러나 내 성격상 안 된다. 하다못해 거대한 기자의 피라미드 앞에서도 저렇게 거대한 토템은 어떻게 가능할까 잠시잠깐 떠올려 보는 것뿐이다. 그러면서도 그것들이 잊히지 않고 나에게서 활용되는 것도 신기하다, 장시인 시집 『마추픽추』가 그러하고 『바이칼』도 그렇게 만들어졌다. 또 세계 여행시 시집 『백야』도 마찬가지다. 사자성어라는 것도 다 내 생활 속에 배이고 흡수된 것들인데 시가 되리라고는 생각지 않은 것들이 시집으로 만들어지는 현실을 내 눈으로 본다. 신기하다는 느낌이 든다. 마치 내가 사자성어 같다.

    강우식 시집은 눈에 띠지 않게 진화한다. 시집의 서문인 '지은이로부터'가 하나가 아닌 둘씩이나 실어 있다. 이번 시집에는 서문격인 '지은이로부터'에 본문 활자보다 작은 급수로 제목도 붙였다. 다른 사람이 안 하는 일이 다 좋은 것은 아니지만 이 또한 세계에서 나만 처음으로 시도하고 있다는 시인으로서의 뿌듯함도 무시할 수는 없다. 시인이란 이런 사소한 데 즐거움을 느끼는 사람이다. 또 이번 시집에는 '송구영신'이라는 긴 연작시도 한 편 들었는데 이 시도 그냥 다른 시들과 같이 어울리도록 했다. 별도로 따로 구분하지 않았다는 뜻이다. 두드러지게 구분한다고 유별난 작품이 될 리 없다. 그저 이렇게도 해보고 저렇게도 해보는 것이다. 나는 이런 에뜨랑제 기분이 좋다. 낯 설음이다. 그런 의미에서 이제까지 정치 이야기는 가능하면 삼가 왔는데 시의 현실참여 의미로써 몇 편을 넣어봤다. 이것도 낯선 것이다.

여적이라고 쓰는 글도 사자성어 시집을 내는 시인답지 않게 시시껄렁한 잡사를 늘어놓는 것으로 끝나고 말았구나. 사자성어 시집을 내니까 무슨 인생의 본이 될 성인들의 말씀이 담긴 것이 될까 기대하였을 분들에게 실망을 주어서 미안할 뿐이다. 나는 아무래도 성인과는 거리가 먼 평생 철 들지 못한 채로 사는 시인일 뿐이다.